진로와 직업 탐색을 위한
잡프러포즈 시리즈 23

오늘을 역사로 기록하는

영상기자

오 늘 을   역 사 로   기 록 하 는

영상기자

나준영 지음

지금까지의 문맹자는 글을 모르는 사람이었지만,
미래의 문맹자는 이미지를 모르는 사람이 될 것이다.

– **모홀리나기** Laszlo Moholy-Nagy –

약속한다. 진실을 반드시 전하겠다.

– 영화 〈택시운전사〉, 독일 영상기자 힌츠페터의 대사 中 –

C·O·N·T·E·N·T·S

C·O·N·T·E·N·T·S

영상기자 나준영의

프러포즈 ♥

무한한 가능성의 바다에서 내 꿈의 목적지를 찾아
항해하고 있는 여러분, 안녕하세요?
저는 MBC 영상기자 나준영입니다.

인간이 나무 위 원숭이의 생활을 버리고
이 땅에 발을 딛던 순간부터 우리는 타인과 보다 더 잘 소통하고
이해하기 위해 노력해왔습니다.
'백 번 듣는 것보다 한 번 보는 것이 더 낫다.'는 옛말이 있습니다.
보는 것만큼 확실하고 효과적인 커뮤니케이션 방법이 없다는 인류의
오랜 경험과 진리를 담은 말입니다.
그래서 눈으로 보고 이해하는 '영상'이라는 소통의 방법과 도구를
개발하고 활용해온 역사가 인류발전의 역사라고 해도
과언이 아닐 것입니다.

영상을 이용해 소통하는 것이 일상화된 시대,
사람들은 TV와 핸드폰, 인터넷이 전달하는 생생한 영상뉴스들을
보고 들으며 이 세상을 이해하고 판단합니다.
이 시대의 사람들은 전 세계 곳곳에서 일어나는 사건, 사고,
갈등과 위기, 전쟁과 축제의 현장에 직접 가보거나 일일이
경험해보지 못하지만, 누구보다 더 그 속의 일들을 생생하게 바라보고
이해할 수 있습니다.
카메라를 들고 사람들을 대신해서 뉴스 현장 속에 들어가
영상으로 기록해 전달하는 '영상기자'라는 사람들 때문입니다.

영상기자는 뉴스 현장에서 벌어지는 일들과
사람들의 이야기들을 누구나 이해하기 쉬운 영상이라는 언어로
기록해 전달합니다.

사건, 사고, 다양한 사회 현상이 일어나는 현장 한가운데서
영상기자들이 담아낸 한 컷 한 컷의 영상과
그 속에 사람들의 목소리가 모여서 뉴스가 되고,
그것을 보고 이해하고, 공감하는 마음과 의견들이 모여
여론을 만듭니다.
영상기자들이 담아낸 오늘의 영상기록은
'내일'의 사람들이 오늘의 우리를 이해하는 생생한 '역사'가 됩니다.

한 명의 영상기자가 자신의 어깨 위에 올려진
11.5kg의 카메라 무게를 잊고 현장을 누비는 것은,
'시청자와 시민들을 대신해 오늘을 내일의 역사로 기록하고 전달한다.'는
언론인으로서, 역사가로서의 소명의식과 자부심이 있기 때문입니다.

인간이 자신과 사회의 발전을 희망하고 그 실현을 위해 노력하는 한
뉴스의 시대, 영상의 시대는 계속될 것입니다.
평화와 공존, 상생과 번영의 미래를 향해 나아가는
'대전환의 오늘'을 살아가는 여러분!

저와 함께 영상기자의 길에서 오늘을 역사로 기록해 가면 어떨까요?
뉴스의 현장 한가운데에서 역사의 사실과 진실들을
영상으로 기록해 나갈 여러분과 마주할 수 있기를 희망합니다.
내일의 영상기자를 꿈꾸는 여러분의 무한한 가능성과 도전에
큰 응원을 보내며, 저의 두근거리는 프러포즈를 마칩니다.

– MBC 영상기자 나준영 올림

첫인사

토크쇼 편집자 – 편

나준영 영상기자 – 나

🔲편 나준영 기자님, 안녕하세요? 기자님의 소개를 부탁드립니다.

🔲나 안녕하세요? 저는 MBC 문화방송에서 26년간 영상기자로 일하고 있는 나준영이라고 합니다.

카메라 출동팀, 스포츠 영상팀, 문화 영상팀 등에서 근무를 했고, 〈시사매거진 2580〉, 〈주말 뉴스데스크〉 같은 기획뉴스나 보도 다큐멘터리를 취재했습니다. 청와대, 서울시청, 국회 출입 영상기자를 거쳐서 뉴스콘텐츠취재부장과 뉴스콘텐츠편집부장 등을 맡아 데스크로도 일했습니다. 현재는 한국영상기자협회장을 맡아 영상기자들의 권익을 신장하고 영상저널리즘의 발전을 위한 지원 사업 등을 만들어 가고 있습니다.

🔲편 26년 동안의 취재부서와 출입처를 나열하면 엄청난 분량이 나올 것 같아요. 존경스럽습니다.

무거운 카메라 장비를 어깨에 메고, 거칠고 힘든 사건 사고의 현장을 뛰어다녀야 하는 이 직업을 학생들에게 소개하고 싶은 이유가 있나요? 죄송하지만, 저와 우리 학생들은 힘든 일을 싫어할 수도 있어요(웃음).

🔲나 출판사에서 출간제안을 받았을 때 제일 처음 고민한 게 있어요. '나는 이 일을 좋아하지만 다른 사람에게도 권할 만한 가

치가 있을까?' 나 자신의 인생과 일을 되돌아봤어요. 답은 이 거예요.

　'이 일은 우리 사회에 필요하고, 이 직업을 통해 완성한 나의 인생도 충분히 가치 있고 행복해! 누구에게라도 이 일을 권하고 싶어!'

편 감사합니다. 멋지네요!

나 대한민국에는 공중파와 종편방송사를 합쳐 천 명 정도의 영상기자가 있어요. 이 사람들이 전국 각지에서 일어나는 일들을 카메라에 담아 생생한 뉴스로 전달하고 있어요. 그런데 신기한 건 매일 다른 일들이 일어난다는 거예요. 이렇게 한순간도 멈춰 있지 않은 세상의 모습을 카메라로 기록하고 뉴스로 내보내면서 사람들과 소통하는 게 조금씩 세상을 좋은 방향으로 바꾸고 있다고 생각해요. 모두 이 일에 자부심이 대단하죠. 뷰파인더에 담는 매일 다른 현장, 사람들의 모습들. 영상기자들은 시간 가는 줄 모르고 일해요. 이렇게 재미있고 보람 있는 일을 여러분에게 소개하지 않는다면 저는 나쁜 어른이겠죠.

편 용기를 내주셔서 감사합니다. 저는 유튜브를 자주 사용합니다. 유튜브나 SNS에 올라온 다양한 영상들을 보며 위로도 받고, 분노도 하고, 또 이 세계에 대해 알아갑니다. 그런데 어느 때는 자극적인 영상이 머리에 남아 잠을 뒤척이기도 하고, 차라리 보지 말 걸 후회한 적도 많아요. 이렇게 영상이 넘치는 이 시대에 우리는 어떻게 살아가야 할까요?

나 20년 전만 해도 영상은 특별한 장비와 능력, 기술이 필요한 분야였어요. 지금은 1인 1 카메라 시대입니다. 어른, 아이할 것 없이 핸드폰에 장착된 카메라로 사진과 영상을 찍을 수 있죠. 지금, 이 순간에도 수십억 명의 사람들이 촬영한 사진과 영상이 지구촌의 모든 사람들과 실시간으로 공유되고 있습니다. 누구나 영상 기록자가 될 수 있죠. 그러면 우리는 모두 정말로 영상 기록자가 된 걸까요?

편 내가 찍은 영상이 어떤 가치를 담느냐에 따라 달라질 것 같아요.

나 맞습니다. 영상 문맹이라는 표현이 있습니다. 말이 조금 어렵나요?

'카메라'라는 기계와 영상 기자의 시각,
시선이 세상을 기록하고 바꾼다는 것을 표현한 지가 베르토프
감독의 다큐멘터리 〈카메라를 든 사나이〉 장면들(1929년)

편 이 책의 독자인 우리 학생들은 누구보다 이 세상과 직업,
인간에 대해 진지합니다. 중요한 내용이라면 조금 어려워도
편하게 말씀해 주세요.

나 20세기 초, 헝가리 출신의 모홀리나기Laszlo Moholy-Nagy라는
영상가는 이런 말을 했어요.

"지금까지의 문맹자는 글을 모르는 사람이었지만, 미래의
문맹자는 이미지를 모르는 사람이 될 것이다."

이미지를 비판적으로 받아들이지 못하면 문맹과 똑같다는 거죠. 영상은 독이 될 수도 있고, 약이 될 수도 있어요. 20세기 초에 일어난 세계대전은 권력자들이 대중의 마음에 증오의 이미지를 심는 것부터 시작했어요. 나와 다른 인종, 체제 등에 대한 증오의 이미지에 사람들은 환호했습니다. 결국 두 차례에 걸친 세계대전, 인종과 민족 분쟁 등의 참혹한 살상이 생겼죠. 좋은 이미지와 나쁜 이미지를 구별하지 못하는 영상 문맹은 사람들을 비극으로 내몰았습니다.

진정한 영상 능력자는 홍수처럼 쏟아지는 수많은 영상 속에서 좋은 영상과 나쁜 영상을 구별하고, 나쁜 영상은 확실하게 비판하고 거부할 수 있는 의지를 가진 사람입니다. 진정한 영상 기록은 화려한 기술과 감각적인 자극에 충실한 것이 아니라 건강한 상식과 보편적인 가치가 담긴 영상입니다. 이 책을 읽는 여러분이 꼭 영상기자가 되지 않더라도 영상기자의 직업과 세계를 통해 건강한 영상 언어를 이해하고 표현할 수 있기를 바랍니다.

편 저는 영상 문맹자인 것 같습니다. 나쁜 영상을 보면 당황하고 욕하면서도 약간은 '이다음이 뭘까?' 궁금해하는 수동적인 영상 소비자였어요. 나쁜 이미지가 모여서 사람들의 마음을 움직이면 전쟁과 같은 참사가 일어날 수도 있다는 역사적인 사실에 놀랐습니다. 반성합니다. 저도 다시 배워야겠어요. 1인 1 카메라 시대, 영상 홍수의 시대에 이 책을 읽다 보면 영상 문맹자가 아니라 영상 능력자가 될 수 있겠네요?

나 그렇게 되기를 바랍니다.

편 영상기자의 세계를 제대로 알고 싶은 마음이 듭니다. 역사적인 순간을 함께 하는 직업, 자신의 눈을 통해 세상을 변화시키는 직업, 24년 차 영상기자인 나준영 기자님의 말씀과 지혜에 저도 마음을 열고 귀를 기울이겠습니다. 잘 부탁드립니다.

나 고맙습니다. 지금부터 저와 함께 영상기자의 세계로 들어가 보시죠.

세월호 임시 합동분향소를 찾아 애도하는 시민들

어떤 일을 하나요

편 영상기자는 어떤 일을 하나요?

나 TV 뉴스를 위해 현장에 나가 영상을 찍고 편집해서 뉴스 콘텐츠로 만드는 사람을 영상기자라고 불러요. 지금은 인터넷과 모바일로도 뉴스를 많이 보지만, 불과 몇 년 전만 해도 텔레비전은 뉴스와 정보를 접하는데 굉장히 중요한 매체였고 TV 뉴스가 갖는 의미도 지금보다 컸어요. TV가 막대한 영향력을 가진 시대는 물론이고, 인터넷과 모바일의 영향력이 커진 시대에도 영상기자는 뉴스 콘텐츠를 만드는 동시에 그 시대의 사람들이 살아가는 모습과 한 시대의 중요한 역사를 기록하는 사람이라고 생각합니다.

예를 들어서 1980년대에 많은 학생운동과 대형사고가 있었어요. 당시 정권은 언론을 통제했기 때문에 TV나 언론매체들을 통해서 그와 관련한 뉴스나 정보를 얻을 수 없었죠. 그렇지만 그때 기록된 영상들과 기사들을 바탕으로 지금의 우리는 과거를 재구성하고 재평가해요. 글로 전하는 기사만으로는 부족하죠. 당시 영상기자들이 기록한 영상들로 그 시대를 입체적으로 평가할 수 있어요. 결국, 영상기자는 영상을 통해 역사를 기록하는 사람인 거죠.

TV 뉴스 초창기 필름 편집 모습

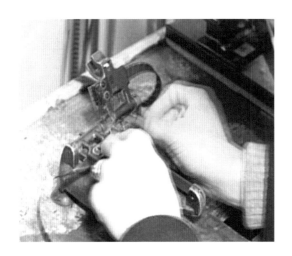

이 직업의 역사는 어떻게 되죠

📖 영상기자의 역사는 어떻게 되죠?

🧑 인간이 영상으로 기록을 하고 전달하는 건 인류가 이 땅에 생겨나면서부터 시작된 본능이자 욕망이라고 생각해요. 영상으로 사회적 현상이나 사건을 기록한 건 굉장히 오랜 역사를 갖고 있어요. 최초의 영상기록은 구석기 시대의 동굴벽화라고 생각해요. 원시시대의 벽화는 지금의 우리가 보기에는 아주 단순한 그림이지만 당시의 사람들의 눈으로 보면, 어떤 일들을 다른 사람들에게 꼭 알려야 한다는 의지를 갖고 남긴 엄청난 뉴스, 정보였을 겁니다.

"사냥할 때는 이렇게 해라."

"어디에 가면 이런 짐승들을 사냥할 수 있다."

"사냥해서 얻은 짐승은 사이좋게 나눠 갖고 하늘에 감사해야 한다."

그들이 벽화를 남긴 그림(영상) 기록을 통해 우리는 그 시대를 분석해요.

'원시시대는 이런 식으로 사냥을 했구나.'

'신이라는 존재를 믿었고, 사냥한 동물을 신에게 바치는

라스코 동굴 벽화
(구석기)

고구려 무용총의 벽화(5세기 말~6세기 초)

의식을 행했구나.'

　이렇게 한 시대와 사람들의 모습을 영상으로 기록하는 직업은 어느 시대, 어느 나라에나 존재해 왔어요. 구석기 시대는 너무 머니까 우리가 그래도 가깝게 느끼는 조선 시대를 살펴볼까요? 여러분들이 잘 아는 화가 신윤복, 김홍도는 그냥 화가가 아니라 조선 시대 궁중에 소속된 영상기록 전담 공무원이었어요.

　임금님의 초상화, 크고 작은 국가행사, 임진왜란 같은 전쟁의 순간, 가을걷이 농촌, 씨름판, 서당, 빨래터 같은 모든 것이 그림의 소재가 되었죠. 그들의 그림을 보며 왕과 정치가들은 백성들의 삶을 이해했어요. 화가들이 언론의 역할을 한 거죠. 현대의 우리들은 그 이미지를 통해 조선이라는 나라를 해석하고요. 아마『조선왕조실록』의 글만으로는 이렇게 구체적인 상상이 어려웠을 거예요.

　조선의 궁중 화가들은 단순한 예술가가 아니라 뉴스 현장에서 붓을 들고 역사를 기록한 지금의 기자들이었죠.

영상기자는 언제 등장했나요

편 카메라를 들고 취재하는 영상기자는 언제 등장했나요?

나 1895년에 영화카메라가 발명됐어요. 눈앞의 현실을 정지화면이 아닌, 움직이는 영상으로 기록하고 재현하는 장비가 발명된 거죠. 이 발명품 덕분에 인간이 가진 전달의 욕구가 날개를 달았어요.

영화 카메라와 영화 제작기술이 빠르게 보급되었고, 서구 각 나라에 뉴스영화를 위해 취재하는 영상기자들이 등장해 활동하기 시작했어요. 산업혁명에 성공한 서구의 나라들은 식민지를 만들기 위해 전쟁을 일으켰는데 전쟁의 정당성을 알리고, 더 많은 국민들을 동원하기 위해 선전영화를 적극적으로 활용했어요. 2차 세계대전이 끝나고 TV 방송이 발전하면서, 비판적 저널리즘이 중요해졌어요. TV 영상이 현실을 비추는 거울, 현실을 비판하는 힘이 되었습니다.

뤼미에르형제가 발명한
최초의 영화 카메라 시네마토그래프
Cinematographe Camera

1970년대 개발된 캠코더카메라

영상기자와 취재 기자는 어떤 관계인가요

📭 영상기자와 취재 기자는 어떤 관계인가요?

📭 방송기자는 두 직종이 있어요. 현장에서 취재한 것을 글과 오디오를 통해 보도하는 사람 즉 취재기자라고 부르죠. 또 영상으로 현장을 기록해 보도하는 사람이 영상기자입니다. 이 두 직종이 협업하고 분업하면서 하나의 뉴스가 만들어집니다.

영상이 없는 TV 뉴스는 존재할 수 없고, 기사와 오디오 없이 화면만 나오는 TV 뉴스도 존재할 수 없습니다. 영상과 기사, 오디오를 만드는 영상기자와 취재기자는 서로가 꼭 필요한 '바늘과 실' 같은 관계예요.

영상기자와 취재기자는 사건·사고, 출입처, 기획취재와 탐사보도의 현장 곳곳을 다니며 함께 상의하고, 고생하고, 결과에 대한 책임도 공유합니다.

어떻게 분업하고 협업하나요

편 영상기자와 취재기자가 협업과 분업을 하며 뉴스를 만든다고 하셨는데, 구체적으로 설명해 주세요.

나 방송사의 뉴스 조직은 취재기자들이 주축이 된 취재편집 조직과 영상기자들이 주축이 된 보도 영상 조직으로 나누어져 있습니다.

취재편집 조직은 뉴스의 틀이 되는 아이템을 발굴하고 기사로 작성해 개별 뉴스 프로그램에 어떻게 편성할 것인지 고민해요.

보도 영상 조직은 취재기자들이 발굴한 아이템, 자체적으로 취합한 아이템에 대한 정보를 갖고 현장에 나가 카메라로 촬영하고, 취재기자의 목소리와 영상을 합치는 편집까지 담당합니다.

영상기자와 취재기자는 한 아이템을 맡아서 함께 취재해 결과물을 만들기도 하고, 영상기자는 영상기자 대로, 취재기자는 취재기자대로 자신이 담당한 역할을 다해 결과물을 만들어내기도 합니다. 그렇게 얻은 영상과 기사가 결합하여 우리가 보는 TV 뉴스가 탄생해요.

🔲 같이 다니는 건 이해가 되는데, 각자 따로 나가서 취재하는 건 잘 상상이 안 돼요. 좀 더 설명해 주세요.

🔲 사건 사고가 났을 때 영상기자와 취재기자가 함께 가기도 하고, 따로 갈 때도 있어요. 영상기자는 현장에 도착하자마자 현장의 상황을 영상으로 담고, 취재기자는 사건 사고 담당 경찰이나 해당 기관, 목격자들을 찾아 1차 취재를 하는 분업 취재가 필요할 때가 많거든요.

취재기자가 현장에 가지 않고 영상기자가 취재한 영상을 갖고 기사를 쓰기도 해요. 남북정상회담을 예로 들면, 취재의 특성상 인원이 제한되어 기자들이 모두 현장에 갈 수 없어요. 그럴 경우, 취재기자들은 프레스센터에서 영상기자들이 취재, 송출한 영상을 보고 기사를 씁니다. 이외에도 대형 사건·사고가 일어났을 때, 현장에서 취재한 영상을 모니터한 뒤, 다양한 정보를 종합해 기사를 쓰는 경우도 많습니다.

🔲 앞에서 말씀해 주신 남북정상회담의 취재 과정을 좀 더 자세히 알려 주세요.

🔲 남북정상회담의 일정이 잡히면 청와대에 출입하는 영상기자들이 모인 영상기자단에서 정상회담을 어떻게 취재할 것

인지 논의를 해요. 청와대 공보담당자들과 정상회담의 취재범위, 내용, 중계나 송출과 관련해 어떻게 운영할 것인지 등을 상의하고 그 결과를 바탕으로 취재를 준비해요.

취재진의 인원 제한이 있다면 어떤 원칙으로 취재팀을 선발할 것인지, 여러 취재 이슈들이 동시에 벌어질 경우, 현장 취재진을 어떻게 나눠서 일할 것인지, 송출은 이슈별 취재가 끝날 때마다 할 것인지, 시간별로 취합해 송출할 것인지를 이야기합니다.

취재기자들도 회담이 어떤 식으로, 어떤 주제를 갖고 진행될 것인지, 취재진 구성과 송고는 어떻게 할 것인지 청와대 출입기자단의 차원에서 사전에 조율합니다. 그렇게 조율한 내용을 양쪽 기자단과 청와대 공보실이 공유해 남북정상회담의 취재가 이뤄집니다. 영상기자들이 취재한 영상과 취재기자들이 작성한 기사들이 현장에서 프레스센터로 보내집니다. 이를 바탕으로 회사별로 종합 정리하고 자기들만의 관점에서 독자적인 아이템의 뉴스들로 만들어 방송합니다. 이런 과정을 거친 취재 영상과 기사가 합해져 우리의 안방에서 남북 정상 간의 만남을 눈으로 확인하는 뉴스가 탄생하는 겁니다.

영상기자는 글을 아예 안 쓰나요

[편] 영상기자는 글을 아예 안 쓰나요?

[나] 영상기자가 기사 형식의 글을 쓰는 경우는 많지 않아요. 하지만 영상기자가 취재기자의 마음과 업무를 어느 정도 이해해야 뉴스 전체의 필요 요소와 구성까지 생각한 영상을 현장에서 찍을 수 있다고 생각해요. 영상기자도 기사의 기본적인 구조와 기사 형식의 글을 쓰는 연습이 필요하다는 생각을 해요. 영상과 기사를 마음속으로 구상하고 그려보는 거죠. 더 좋은 영상을 만들기 위해서요.

영상기자는 데스크의 마음마저 이해해야 합니다. 큰 비중을 갖지 않는 단신용 뉴스*를 취재하러 갔다가 현장에서 벌어지는 예상치 못한 상황이나 발언들을 접하게 되는 경우가 있습니다.

'이게 뉴스 가치가 있나?'

'이 사건은 단신이 아니라 리포트도 할 만한 가치가 있겠어.'

'이 발언, 이 상황은 큰 문제가 될 수 있겠다.'

---

* TV뉴스에서 25초 내외의 분량으로 간략한 사실만을 정리해 전달하는 뉴스

영상기자가 현장에서 판단해 좀 더 다양한 영상과 인터 뷰, 녹취 등을 취재하게 되면, 단신도 새로운 뉴스로 발굴, 제 작할 수 있습니다.

보도제작프로그램의 예고촬영 장면

단신을 새로운 뉴스로 발굴한 경험을 들려주세요

🔳 단신을 새로운 뉴스로 발굴한 경험을 들려주세요.

🔳 어느 날 취재를 마치고 회사로 돌아오는데, 데스크의 문자가 도착했어요.

「OO 은행의 현금 입출금기 전체가 작동하지 않아 고객들이 불편을 겪고 있으니 '시내에서 취재 중인 영상기자들은 OO 은행의 현금 입출금기가 있는 곳에 가서 취재하세요」

근처에 있는 OO 은행의 지점에 가서 입출금기가 멈춘 상황을 찍고 있는데, "해당 은행의 중앙 전산 시스템이 멈춰 현금 거래가 이루어지지 않는다."라는 사내방송이 나왔어요. 그리고 은행 직원에게 언제부터 이랬는지, 본사의 조치가 있는지 물었더니 "다른 은행들은 설 연휴 기간 시스템 점검과 테스트를 마쳤는데, OO 은행의 경우, 설 연휴 기간에 시스템 점검을 하지 않아 문제가 발생했다."는 은행의 과실을 인정하는 이야기가 나왔어요. 이건 단순한 전산 장치의 오류가 아니라 은행 측의 업무 실수로 발생한 사고라는 생각이 들었고, 현금 입출금이 안 돼 발을 동동거리는 고객들에게 다가가 인터뷰를 했어요. 그리고 지점 담당자에게 설 연휴 전산 시스템 점검이 이루어지지 않은 상황에 대해 인터뷰를 하였습니다.

리포트 구성을 위한 충분한 영상 취재와 인터뷰, 현장 녹취가 확보됐다고 판단하고, 이 내용을 데스크에 보고하고, 해당 은행과 금융감독 기관을 출입하는 취재기자들이 그 내용을 확인해 보니 사실이었어요. 그래서 타사가 단순한 사건으로 단신 보도한 내용을 우리 뉴스는 리포트로 제작해 자세히 보도할 수 있었습니다.

http://imnews.imbc.com/20dbnews/history/2005/1931247_19610.html
외환은행 전국 모든 지점에서 중앙전산망 정지로 3시간 마비 (2005. 3. 10)

취재기자도 영상에 대해 잘 이해해야 하지 않나요

편 취재기자도 영상에 대해 잘 이해해야 하지 않나요?

나 취재 기자도 영상을 보는 눈이 있어야 해요. 어떤 기사는 여러 줄 쓰는 것보다 영상 몇 컷으로 더 쉽게 이해시킬 수 있거든요. 또 영상을 잘 이해하는 취재기자는 단 몇 컷의 영상만 보고도 훌륭한 기사를 쓸 수 있습니다.

편 경험이 있으세요?

나 선배 영상기자 한 분이 추석 연휴에 방송할 영상뉴스 특정 주제를 갖는 영상과 자막, 음악만으로 편집해 내는 영상 중심의 뉴스제작을 위한 취재를 다녀왔어요. 추석을 앞두고 명절 준비를 하는 농촌의 풍경, 미리 시골 고향 집을 찾아온 자식, 손주들을 맞이하는 노부부의 모습을 영상으로 담아 편집하고 있었죠.

추석 뉴스에 나갈 중요한 영상이니 책임자도 착석해 열심히 편집 과정을 보고 있는데, 지나가던 사회부 데스크가 편집 내용이 궁금해 편집실로 들어왔습니다. 짧은 영상으로만 나가기에는 아깝다는 생각이 들었는지 사회부 데스크가 "추석 연휴 첫날 리포트로 내면 어떨까요?"라고 제안했어요. 영상취재 부장과 영상기자가 흔쾌히 동의하자 후배 기자를 불러 리포트 구성을 위한 기사를 써 보라고 지시했습니다. 그렇게 해서 영상이 가진 아름다움을 잘 살려낸 기사가 더해져 많은 찬사를 받은 리포트가 방송됐던 기억이 납니다.

http://imnews.imbc.com//20dbnews/history/1997/1768871_19482.html
전북 임실군 삼계면의 정겨운 고향 모습 (1997. 9. 15)

엠빅 뉴스, 비디오 머그 등의 영상이 인기가 많아요

편 돌발영상이나 엠빅 뉴스, 비디오 머그 등의 뉴스 영상이 인기가 많아요.

나 TV 뉴스의 기사 형식이 아니더라도, 최근에는 취재 과정에서 일어난 다양한 이야기를 취재기, 영상 구성물로 제작해 인터넷과 모바일용 콘텐츠로 서비스하는 게 활발해지고 있어요. 영상기자들의 참여도 늘어나고 있고요. 그래서 영상기자들이 취재 과정에서 얻은 경험과 정보, 지식을 글로 정리해 자막으로 공유하는 능력이 중요합니다.

뉴스의 변화만을 위해서가 아니라 영상기자 개인이 갖는 경험들, 전문적 지식을 공유하고 축적해야 이 직업이 더욱 발전할 수 있겠죠. 영상기자는 자신이 만든 영상과 결합할 수 있는 좋은 글을 쓰는 데에도 큰 노력을 기울여야 한다고 생각합니다.

방송사 내 카메라 관련 직종은 뭐가 있나요

편 방송사 내 카메라 관련 직종은 뭐가 있나요?

나 영상기자, 촬영감독, 카메라 감독이 있어요. 모두 카메라를 도구로 TV 영상을 만들어내는 직종이라는 특성 때문에 많이 헷갈리죠. 앞에도 설명했듯이 카메라 기자라고도 불리는 영상기자는 각본이나 돌발적인 상황들이 계속되는 뉴스의 현장을 기록하고, 개별 뉴스 아이템의 영상 보도를 책임지고 취재합니다.

촬영감독은 드라마나 다큐멘터리 등의 작품이 극본이나 제작 의도에 맞게 영상으로 탄생할 수 있도록 기획하고 촬영합니다. 글자로 채워진 드라마나 다큐멘터리의 대본과 제작기획서는 촬영감독의 머릿속에서 영상으로 그려지고 그의 눈과 손을 통해서 시청자가 이해하고, 감동과 즐거움, 아름다움을 가진 영상으로 탄생합니다. 작품의 영상이 일관되도록 한 명의 촬영감독이 처음부터 끝까지 책임을 지는 영상책임자라고 생각하시면 돼요.

카메라 감독은 예능, 중계, 뉴스나 드라마의 스튜디오 촬영을 담당하는 일을 합니다. 카메라 감독이 일하는 현장에서는 위치별, 역할별 카메라맨들이 분업을 통해 하나의 결과물을 만드는 협업이 이루어집니다. 그래서 이 현장에서는 여러 명의 카메라 감독을 대표하는 카메라 총감독의 역할이 중요합니다. 카메라 총감독은 PD와 상의해 작품의 촬영과 관련한 전체 계획, 개별 카메라 감독들의 역할을 정합니다. 그리고 각 카메라 감독의 이견들을 조율해 하나의 예능 프로그램, 스포츠 중계, 쇼 프로그램의 화려하고 아름다운 영상을 만들어냅니다. 촬영 감독과 카메라 감독은 방송사 제작 부문에 속해 교류하지만, 보도 부문에 속한 영상기자는 두 직종과 교류가 거의 없어요.

최근에는 VJ 비디오 저널리스트video journalist라고 부르는 직종이 방송제작에 자주 참여하고 있어요. 원래 VJ가 미국에서 처음 등장할 때는 방송사에서 독립해 자신이 직접 촬영, 편집, 제작, 보도까지 하는 독립적인 저널리즘을 추구하는 사람들을 일컫는 말이었어요. 2000년대 초반의 독립다큐멘터리 제작자들이나, 대안 언론의 활동을 하는 영상가들도 VJ라고 불렀습니다. 최근에는 방송 현장에서 영상기자, 카메라 감독의 보조적인 촬영을 담당하는 프리랜서 카메라맨이나 방송의 여러 프로그램에 제작물을 납품하는 외주 제작사들의 촬영 담당자까지 모두 포함해 VJ라고 부릅니다.

뉴스의 영상취재 과정을 알고 싶어요

편. 뉴스의 영상 취재 과정을 알고 싶어요.

나. 영상기자는 뉴스 현장을 촬영하는 것 외에도 업무 범위가 넓어요. 영상취재를 위한 사전준비, 취재한 영상을 시청자에게 전달하는 준비과정, 영상편집, 방송한 뉴스를 평가하고 다음 취재를 준비하는 과정 전체가 영상기자의 업무입니다. 이 전체를 설명해 드릴게요.

1단계
영상취재의 준비

뉴스 소재의 발굴 ✔

사전취재와 정보수집 ✔

영상취재 방식 및 방법의 기획, 취재 장비 준비 ✔

 뉴스 소재의 발굴

㉠ 출입처의 취재

다양한 뉴스 소재를 발굴하기 위해 방송사는 취재기자와 영상기자를 여러 지역의 경찰서, 청와대, 국회, 법원 등의 국가기관, 그리고 서울시, 경기도 같은 지방자치단체와 경제단체, 기업 등에 출입시키고 있습니다. 출입 기자들은 출입처의 공개된 일정과 다양한 활동, 출입기관이 벌이는 사업에 대한 자료와 정보를 수집해 뉴스로 전할 가치가 있다고 판단되는 소재들을 1차로 발굴합니다. 또 출입처의 다양한 관계자들이나 이해관계를 갖는 사람들을 만나 잘 알려지지 않은 출입처 내부의 활동과 업무, 문제점과 고민거리 등을 취재해 뉴스 소재로 발굴합니다.

ⓛ 시청자 제보

방송사는 시청자 제보를 받는 시스템을 운영하고 있는데, 보도국은 매일 수천 건의 시청자 제보를 정리하는 담당자를 두고 분야별로 정리, 보도국 게시판 등에 올립니다. 해당 부서와 기자들은 이렇게 정리한 제보 중에서 뉴스 소재가 될 만한 것들을 찾아 기초 취재를 진행합니다. 급박한 사건, 사고에 대한 제보가 있으면 긴급 취재팀을 꾸려 대응합니다.

ⓒ 기존 보도의 심층취재와 재해석

다른 언론사나 방송사에서 이미 보도한 뉴스가 새로운 뉴스로 탄생할 수 있습니다. 그래서 기존의 뉴스들을 모니터해 새로운 시각과 심층적인 접근을 하는 방식으로 취재 아이템을 얻기도 합니다.

✔️ 사전취재와 정보수집

1차적인 뉴스 소재를 찾은 후, 취재기자와 영상기자는 정보수집과 사전취재에 들어갑니다. 뉴스 소재와 관련한 다른 언론사의 보도가 있었는지 사내외 자료를 검색합니다. 그리고 제보자나 취재원과의 사전 인터뷰를 통해 뉴스 소재의 사실성을 점검하고 현장 취재에 들어가도 좋다는 확신이 생기면 데스크와 상의해 취재 아이템으로 확정한 뒤 본격적인 취재 준비에 들어갑니다.

✔️ 영상취재 방식 및 방법의 기획, 취재 장비의 준비

TV 뉴스는 시청자가 사건, 사고, 이슈 등을 눈과 귀로 확인할 수 있는 영상취재가 필요합니다. 취재 아이템이 확정되면 해당 취재를 맡은 영상기자와 취재기자가 '해당 아이템을 어떻게 취재할 것인가?' 하는 구체적 계획을 상의합니다.

　'취재 현장이 불법 현장이라 정상적인 방법을 통한 접근과 취재가 어려우면, 어떻게 취재할 것인가?'

　'유명 정치인이나 기업인들이 조사를 받기 위해 검찰에 출두하고, 많은 취재진과 일반인이 몰려들 것이 예상되는데 취재원의 인권도 보호하고, 현장의 혼란과 무질서를 최소화해서 취재할 방법은 무엇일까?'

　'지하철 공사 현장에 균열이 발생했다는 관계자들의 제보가 있는데 현장에 어떻게 접근해 취재할 것인가?' '심각한 폭

설로 도로가 막혀 접근할 수 없는 산골 마을의 피해 상황을 어떻게 영상으로 담아낼 수 있을까?'

ENG 카메라, 망원렌즈, 몰래카메라, 내시경 카메라, 드론 촬영, 헬리콥터 항공촬영 등의 특수 장비 등 해당 영상에 가장 적합한 장비 사용 계획을 세워야 합니다.

2단계
현장에서의 영상취재

눈에 보이는 것을 당장 찍어라! ✔
방송 시간을 놓친 뉴스는 뉴스가 아니다. ✔
다시 천천히 보면 새로운 것이 보인다. ✔

✔ 눈에 보이는 것을 당장 찍어라!

취재 현장에 도착한 영상기자는 눈 앞에 펼쳐진 현장의 상황 중 당장 촬영 가능한 것들을 기록하기 위해 노력합니다. 사건 사고 현장은 당장 촬영하지 않으면 그 상황이 사라질 가능성이 큽니다. 경찰이나 복구 대원들이 와서 현장을 가리고, 접근 통제를 할 수 있습니다. 협조적인 취재원도 현장의 변화와 주변 사람들의 말 한마디에 의해서 비협조적으로 돌변합니다. 취재원이 현장의 증거물을 치워버리거나 공개하려던 자료를 숨기기도 합니다.

또 현장 목격자나 관계자들은 시간이 지날수록 현장을 떠날 가능성이 큽니다. 어렵게 설득해 섭외하더라도 시간이 지날수록 목격자들의 기억과 감정은 사그라집니다. 그래서 좀 더 생생하고 확실한 기억들을 얻기 위해서 현장의 영상기자는 즉각적인 생생한 인터뷰, 목격담의 확보에 노력해야 합니다. 많은 영상기자들은 이런 말을 자주 합니다.

"눈에 보일 때, 찍을 수 있을 때 먼저 찍어라! 지금 못 찍으면, 나중에는 찍을 수 없다!"

✔️ 방송 시간을 놓친 뉴스는 뉴스가 아니다.

영상기자는 자신이 취재한 영상이 몇 시 뉴스에 방송될 것인지 염두에 두고 취재해야 합니다. 취재 현장에서 아무리 좋은 영상취재를 하더라도 그것이 뉴스로 방송되지 못하면 소용이 없습니다. 예정된 방송 시간에 자신의 취재 영상을 방송할 수 있도록 편집 시간까지 고려한 영상의 송출, 전달 계획을 미리 세워서 취재에 임해야 합니다.

뉴스 속보로 나갈 예정이라면, 취재 상황에 맞게 영상 송출용 중계차를 요청할 것인지, 인터넷 송출을 할 것인지, LTE 연결망을 이용해 무선 송출을 할 것인지 판단해야 합니다. 이런 것들이 여의치 않을 때 오토바이 퀵서비스를 이용해 촬영한 영상을 본사로 보낼 수 있는지 고민하며 취재해야 합니다.

최악의 경우 영상 편집을 할 시간도 없는 상황에 대비해 원본을 그대로 틀어도 방송 사고가 나지 않도록 영상취재 때 NG 컷이 없도록 편집해 찍어야 합니다. 실제로 방송사 뉴스 속보는 취재 영상을 편집할 시간이 없어 영상기자가 취재한 원본을 그대로 방송하는 경우가 많습니다. 하지만 대부분 시청자는 이를 눈치채지 못합니다. 영상 취재부터 원본 그대로 방송할 수 있는 상황을 고려해 촬영했기 때문입니다.

✔️ 다시 천천히 현장을 보면 새로운 것이 보인다.

1차 영상취재와 송출을 마치면, 영상기자는 다시 한번 취재 현장을 바라보면서 천천히 이들을 조합하고 재구성해야 합니다.

MBC 영상기자들이 사용하는 HD-ENG 카메라

처음 급하게 취재할 때는 미처 보지 못했던 것들, 듣지 못했던 이야기들을 발견하는 경우가 많습니다. 이것들을 바탕으로 추가 촬영을 하고, 좀 더 다양한 인터뷰, 녹취를 진행합니다.

　보충 취재가 끝나도 바로 마무리하지 말고, 마지막까지 현장을 확인한 다음 의문이 있다면 완전히 해결하고 현장을 떠나야 합니다. 영상기자는 카메라의 전원을 끄기 전에 자신이 취재한 영상 중 오늘의 현장을 상징할 한 컷이 있는지 떠올려야 합니다. 오늘 취재한 영상에 아쉬움이 남는다면 다시 한 번 현장을 상징할 한 컷을 고민하고 촬영하는 결단력도 필요합니다.

영상기자가 가진 마지막 의문이 해소되고 현장을 상징하는 한 컷에 대한 자신감이 생겼을 때 비로소 현장의 영상취재는 끝납니다.

3단계
취재 영상의 보도 영상화

영상의 자료화 ✔

미리 자르고, 모으고, 살펴야 방송사고가 없다. ✔

✔ 영상의 자료화

"뉴스는 일회용이 아니다. 한 달, 1년, 10년 뒤의 뉴스를 생각하라."

방송 장비가 디지털화하기 전에 필름이나 테이프로 취재한 영상은 편집 과정에서 원본을 그대로 복사해 사용했습니다. 뉴스 제작이 끝난 원본 영상은 보존할 가치가 있는 것만을 골라내어 재편집한 후에 보관했습니다. 필름과 테이프는 20~30년이 지나면 화질이 손상되거나 사용할 수 없는 상태가 되고, 필요한 영상을 자료로 남기는 과정에서 실수로 버려지기도 했습니다. 하지만, 2000년대 중반 이후 취재 카메라와 편집 장비들이 디지털화하면서, 취재한 영상을 디지털 신호로 변환해 뉴스용 메인 서버^{main server}에 보관, 저장하는 작업인 인제스트^{Ingest}작업을 통해, 원본 영상을 거의 영구 보관하게 되었습니다.

인제스트 작업을 통해, 메모리 카드와 광디스크에 기록된 영상을 편집용 컴퓨터에서 자유자재로 불러와 검색하고 편집할 수 있도록 디지털 영상신호로 전환합니다. 이 과정에서 영상을 저장하는 것만큼 중요한 것은 취재한 영상의 구체적인 내용을 꼼꼼하고 일목요연하게 정리하는 인덱스^{index}작업입니다.

영상기자는 취재한 영상의 순서별, 구체적 내용, 인터뷰한 사람의 이름이나 직책, 사건이나 현장 상황과의 관계, 취재한 사람의 인권 보호나 신분 노출을 하지 않기 위해서 방송 제작 시 얼굴이나 상호를 가려주어야 한다거나 음성변조 등을 해야 한다는 등의 주의사항을 꼼꼼히 정리한 원본을 인제스트 해야 합니다.

영상기자들이 취재한 영상과 전국 각 지, 전 세계에서 들어오는
영상들을 디지털 신호로 저장하는 MBC 인제스트룸

이 작업이 제대로 이뤄져야 기사 작성, 모니터, 영상 편집을 할 때, 취재한 영상을 쉽게 찾아낼 수 있습니다. 또한 취재한 사람이나 제보자 등에 대한 인권 보호, 신원보호를 통해 뉴스의 신뢰도를 높이고 방송사고를 방지할 수 있습니다. 이렇게 자료화한 취재 영상은 방송사의 영상서버에 보관되어 한 달, 1년, 10년 뒤에 뉴스를 재조명할 때 새로운 프로그램의 중요한 자료로 사용될 수 있습니다.

✔ 미리 자르고, 모으고, 살펴야 방송사고가 없다.

취재 영상의 인제스트와 인덱스 작업을 완료하면 영상기자는 자신이 취재한 영상을 뉴스 프로그램에 나갈 리포트 완제품으로 만들기 위한 편집 작업에 들어갑니다. 리포트에 반드시 넣어야 할 중요한 영상과 인터뷰를 미리 골라서 모아 놓는 가편집 작업을 합니다. 초상권, 사생활 침해 등을 막고, 취재원을 보호하기 위한 사항 등을 점검해 영상 편집에 반영하게 합니다. 또 취재 영상 이외에 자료가 필요한 경우, 회사 내 영상자료를 검색해 미리 영상으로 가편집해 놓거나 인터넷 자료를 내려받아 편집에 사용할 수 있게 합니다.

기사 작성 중인 취재기자와 상의해 기사 구성과 영상구성에 관한 의견을 나눈 후 보다 완벽한 리포트 완제품이 만들어질 수 있도록 준비합니다.

4단계
영상 편집을 통한
완제품의 제작, 방송

"정해진 시간에 확정된 내용 그대로 방송되지 않으면 방송사고"

뉴스 완제품을 만들기 위한 편집은 영상기자가 직접 하기도 하고, 편집만을 담당하는 영상편집 기자가 할 때도 있습니다. 영상편집은 TV 화면에 나오는 영상을 만드는 작업으로 영상기자와 취재기자의 노력이 결실을 보는 과정입니다. 영상기자가 편집할 경우에는 미리 마련해 놓은 가편집 영상과 자료를 활용해, 취재기자가 녹음한 오디오와 영상이 서로 조화를 이루도록 작업합니다. 편집기자가 작업할 경우에는 영상기자가 현장에서 느끼고 생각했던 것들을 잘 정리해서 전달해야 하며, 취재 의도와 편집된 결과물이 동떨어지지 않게 의사소통을 긴밀하게 해야 합니다.

뉴스의 영상 편집은 정해진 뉴스 시간을 놓고 시간과 벌이는 전투입니다. 보통 뉴스 방송 1시간 전에 편집을 가장 많이 합니다. 영상 편집에 조금만 실수가 있어도 방송 시간을 맞추지 못하는 방송사고가 일어납니다. 방송 시간에 쫓겨 영상 하나하나에 신경을 쓰지 못하면, 취재원 보호나 초상권 보호가 이뤄지지 않은 방송사고가 날 수 있습니다. 그래서 방송 30분 전의 편집실은 극도의 긴장감이 가득합니다.

뉴스 프로그램이 온에어$^{on-air*}$된 상태에서도 편집할 때가 있습니다. 뉴스 아이템은 사전에 방송 순서가 정해지는데, 방송 5분 전에 편집이 완성되어 녹화 테이프나 메모리 카드를 들고 뉴스가 진행되는 뉴스 센터로 뛰어가 송출하는 일도 자주 벌어집니다.

---

* 방송이나 녹화 중인 상태를 이야기하는 방송 용어

뉴스데스크를 진행하는 조종실(부조라고 부른다)

인터넷, 모바일 등의 SNS 제작, 타사 뉴스를 통한 비교, 시청자 반응 모니터

"다른 영상기자의 영상을 봐야 나의 영상이 보이고, 시청자의 목소리를 들어야 우리가 만든 뉴스를 제대로 평가할 수 있다."

방송이 나간 후, 자기가 취재한 영상이 어떻게 완결되었나를 모니터하는 작업은 매우 중요합니다. 현장에서 취재할 때의 의도와 완제품으로 방송된 영상이 일관된 지 따져봐야 합니다. 또한 같은 아이템의 타사 영상취재를 모니터해서 어떤 차이가 있고, 더 나은 점이 무엇인지를 확인해야 자신의 영상취재 능력을 향상할 수 있습니다. 그래서 많은 영상기자들은 타사의 뉴스를 모니터하는 데 큰 노력을 기울이고 있습니다.

영상기자는 인터넷과 SNS 등에서 본인이 취재, 편집한 뉴스에 시청자들이 어떤 반응을 보이는지를 모니터 해야 합니다. 특히 취재자로서 느끼지 못한 인권 문제, 취재 윤리에 대한 시청자들의 문제 제기와 비판이 있다면 해당 아이템의 온

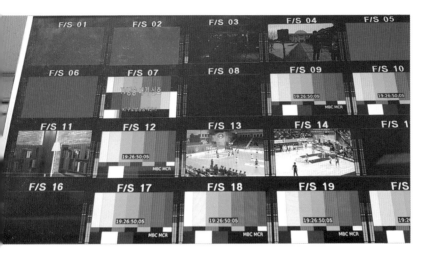

현재 수신되는 영상들을 볼 수 있는 모니터

라인 서비스를 수정하는 등의 비상조치를 할 수 있습니다. 그리고 시청자의 비판과 문제 제기의 원인이 된 취재의 문제, 취재 관행을 다시 점검하고 바꿔야 합니다.

이런 여러 과정을 통해 영상취재가 이뤄지고 보도 영상과 뉴스가 탄생합니다. 그리고 끊임없는 자기 성찰과 자기 혁신을 통해 TV 뉴스는 시청자와 호흡하는 뉴스로 발전할 수 있습니다.

다른 직종으로 진출할 수 있나요

편. 영상기자를 하다가 다른 업무나 직종으로 진출할 수 있나요?

나. 제가 입사한 후에 뉴스를 취재하고 제작했던 기존 장비와 시스템이 디지털화하는 큰 변화가 일어났어요. 취재 장비와 제작 시스템의 변화만 생긴 것이 아니라 방송사가 정한 시간에만 볼 수 있던 TV 뉴스를 인터넷과 핸드폰을 통해 언제 어디서나 볼 수 있는 시대가 됐어요. 이런 변화로 인해 영상기자의 업무도 영상취재와 영상 편집이라는 전통적인 일에서 벗어나 다양하게 확장되고 새로운 직종이 생기고 있습니다.

대표적으로 인제스트 매니저ingest-manager와 아카이브 매니저archive-manager를 들 수 있어요.

인제스트란 영상기자가 취재해 온 영상을 뉴스용 서버에 디지털 신호로 입력하고, 이 영상들이 뉴스 제작을 위한 방송사 내 온라인 시스템 속에서 자유롭게 검색되고, 각 영상 편집실에서 자유롭게 접속하고 사용할 수 있게 관리하는 작업입니다. 이 작업을 위해 보도국 내에는 인제스트룸ingest room이라는 거대한 작업실이자 저장소가 있습니다. 취재한 영상, 각 지사나 지국에서 보내오는 영상, 취재 현장에 나간 영상기자들이 중계차나 인터넷, 무선기기 등을 이용해 전송한 영상, 전 세계 특파원이나 제휴를 맺은 외국 방송사, 뉴스통신사*들이 보내오는 영상이 뒤섞여 24시간 분주하게 돌아가고 있습니다.

인제스트룸의 분야별 인제스트 담당자들은 수신한 영상을 종합적으로 파악하고, 인덱스를 점검 및 정리하는데 이 담당자를 인제스트 매니저라고 부릅니다. 인제스트 매니저는 뉴스 제작이 끝난 영상을 회사 서버에 영구 보관하기 위해 불필요한 영상들을 분류하고 삭제하는 업무까지 총괄합니다.

아카이브archive란 인제스트 과정을 마치고, 뉴스 제작이 완료된 영상을 회사 메인 서버에 영구 보관할 때 회사에서 언제라도 필요하면 해당 영상을 쉽게 검색해서 사용할 수 있게 보도 영상의 분류와 보관을 체계화하는 작업을 말합니다. 말하자면 도서관의 사서와 같은 역할인데요, 이 업무가 제대로 되어야 영상자료가 방송사의 훌륭한 자산이 됩니다. 아카이브 업무를 담당하는 사람들은 인제스트 되어 넘어온 영상들을 하

---

* 전 세계뉴스를 취재해 언론사와 방송사들에 기사와 영상을 판매하는 회사. 한국의 연합뉴스, 뉴시스와 같은 회사

나하나 살펴보고, 영상기자가 인덱스한 내용 중 미비한 점, 잘못 표기한 점, 영상에 대한 설명들을 점검하고 보관합니다. 이렇게 보도 영상을 영구적으로 가치 있게 자료화하는 관리자들을 아카이브 매니저archive-manager라고 합니다.

　아카이브 매니저를 하다가 특종을 내는 경우도 있었어요. 오랜 영상취재 경력을 가진 영상기자가 아카이브 매니저를 하게 됐는데 이분이 북한 관련 영상을 정리했습니다. 어느 날 남북관계에 큰 영향을 미치는 북한의 장성급 관료가 사망했는데 당시 이 관료의 영상자료를 확보한 국내 언론사와 방송사들이 없어 자료를 찾기 위해 발을 동동 구르고 있었습니다. 그때, 이 영상기자가 몇 년간 자신이 정리해 온 자료들을 검색해 해당 인물이 공개 활동을 한 조선중앙TV의 영상자료를 찾아냈고 그 방송사만 단독으로 뉴스를 낼 수 있었습니다.

　그리고 인터넷과 모바일용 뉴스를 기획하고 제작하는 인터넷뉴스 PD, 인터넷뉴스 매니저의 업무가 생겼고, 여기에서 활동하는 영상기자들도 늘고 있습니다. MBC의 '엠빅뉴스', SBS의 '비디오머그'가 대표적인데요, TV 뉴스와는 다른 형식과 구성, 제작 방식을 통해 인터넷과 모바일 시청자의 눈높이에 맞춘 새로운 뉴스를 제작하고 있습니다. 유튜브, 카카오톡,

페이스북 같은 SNS의 영상 뉴스에는 뉴스의 새로운 형식을 실험하고 만들어내기 위한 영상기자들의 아이디어와 축적된 노하우, 노력이 숨어 있습니다.

영상기자 중에는 TV 뉴스 중계를 담당하는 중계 PD로 업무를 확장하는 사람도 있습니다. 스튜디오에서 뉴스를 진행하는 앵커가 "현장에 나가 있는 OOO 기자, 나와 주세요. 지금 현장의 분위기는 어떻습니까?"라고 묻고 현장에 있는 기자가 "저는 지금 대검찰청 앞에 나와 있습니다."라며 취재한 소식을 전하는 장면을 많이 보셨죠?

요즘 TV 뉴스를 보면 중요한 이슈가 발생한 현장을 취재 중인 기자를 연결해 생방송으로 현장의 소식을 전하고 앵커와 이야기하는 형식이 많아지고 있습니다. 생방송 뉴스는 이름 그대로 진짜 살아 있는 뉴스, 지금, 이 순간의 현장을 보여 주는 뉴스여야 해요. 기자가 나오는 영상, 현장을 찍는 영상을 동시에 보여 주기 위해 최소한 세 명 이상의 카메라맨이 현장을 찍어 중계차로 보내는데, 서로 다른 세 개의 영상을 동시에 보고 이해하면서 방송에 내보내는 이 업무에는 영상기자의 경험이 잘 활용됩니다. 그래서 뉴스 PD 분야로도 영상기자들이 많이 진출하고 있습니다.

MBC 뉴스데스크 스튜디오

영상기자가 다양한 현장을 다니며 쌓은 안목과 식견을 이용해 콘텐츠 기획과 방송 관련 사업의 분야로도 많이 진출해요. MBC의 한 영상기자는 해외 출장 중 어린이 직업체험 테마파크를 견학하고, 한국에 이 테마파크를 세우면 어린이들을 위한 좋은 직업 체험교육을 할 수 있겠다는 생각을 가졌습니다. 그래서 그 방안을 구상하고 사업 기획안을 만들어 회사에 제안했고, 자신이 직접 실무를 담당해 마침내 '키자니아'라고 하는 어린이 직업교육 테마파크가 만들어졌습니다. 키자니아가 만들어지는데 큰 역할을 한 거죠.

앞으로도 뉴스 취재, 제작 환경의 변화에 따라 영상기자의 업무는 다양한 분야로 확장, 분화할 것으로 예상합니다.

MBC 뉴스데스크 진행자 왕종명 앵커와 스태프들

방송 기술의 발전이 빠르죠

편 영상기자로 생활하며 느낀 방송 기술의 발전과 변화는 정말 빠르죠?

나 방송 기술은 방송과 IT 발전이 서로 융합하면서 완전히 새로운 변화를 맞이했어요. 제가 처음 입사했을 때는 아날로그 방송의 시대였는데, 어느 날 디지털시대가 열리면서 방송을 취재하고 제작하는 방법과 시스템이 완전히 바뀌었죠.

약 20년 전, 입사 초창기에 〈업 클로즈 앤 퍼스널〉이라는 영화를 봤어요. 영화에서 영상기자가 카메라에 달린 무선 장비를 이용해 멀리 떨어져 있는 스튜디오로 바로 영상을 연결하는 장면을 보고 과장이 너무 심하다고 생각했어요. 그런데 지금 그런 시대가 왔어요. 최근에는 LTE 무선망을 이용해 영상을 송출하는 LIVE 용 장비가 생겨서 자기가 촬영한 영상이 무선 신호로 바로 변환되어 LTE 망을 통해 전송 돼요. 장비 크기도 엄청 작아요. 작은 가방 한 개 정도의 크기죠. 최근에 촛불집회 현장이나 싱가포르 북미정상회담 생중계 등은 영상기자가 LTE 무선망과 간단한 장비를 이용해 라이브 영상을 제작, 송출해서 방송했죠. 물론 거대한 중계차나 복잡한 이

동방송시설도 있었어요. 이렇게 기술 변화와 기술 간 융합이 빠르게 진행되다 보니 영상기자가 이를 배우고 따라잡는 것도 중요한 일이 되었어요.

편 기술과 영상의 융합시대네요. 발전 속도가 눈부십니다.

나 대신 할 일이 더 많아져서 힘들고(웃음), 큰 노력을 해야 돼요.

2018년 북미하노이정상회담 당시 전세계 외신사에서 쏟아지는 보도영상들을 모니터 중인 뉴스룸 풍경

이 직업의 가장 좋은 점은 무엇인가요

편. 이 직업의 가장 좋은 점은 무엇인가요?

나. 남들은 TV, 인터넷, 책, 신문으로 간접 체험하는 역사적인 현장을 나는 직접 경험할 수 있다는 거죠. 영상기자가 서있는 취재 현장은 1분, 1초만 늦어도 사라져 버리는 결정적 순간들입니다. 그 결정적 순간이 우리 시대의 기록과 역사의 한장면이 되고요. 역사적인 현장에 서 있다는 것에 흥분과 기쁨, 보람을 느낍니다.

편. 구체적인 이야기를 듣고 싶어요.

나. 영상기자로서 첫 희열을 느꼈던 그 날이 생생합니다. 1995년 12월 신입사원 연수를 마치고 보도국 영상취재부로 배치받아, 첫 휴일 근무를 하게 됐어요. 7시에 출근했더니 선배가 항공 촬영하는 현장에 따라가라는 거예요. 김포공항에서 헬리콥터를 타고 1시간을 날아갔을 때, 선배가 안전띠를 온 몸에 묶더니 헬리콥터의 문을 열고 카메라로 고속도로의 차들을 찍기 시작해요. 그런데 피사체가 보이지 않는지 여러 차례 헬리콥터의 방향을 바꿔서 고속도로를 따라 헤맸어요. 12월 초의

겨울바람이 헬리콥터의 활짝 열린 문으로 매섭게 몰아쳐 오는데 손에 얇은 장갑 하나만 끼고 무언가를 찍기 위해 애쓰는 선배의 모습을 보며 '저 모습이 얼마 뒤 내 모습이겠구나!' 하는 생각이 들었죠. 그런데 여러 대의 헬리콥터들이 고속도로 위의 무언가를 찾기 위해 하늘을 빙빙 돌아다녀요. 전두환 전 대통령이 합천의 고향 집에서 안양교도소로 압송되는 장면을 촬영하기 위해 언론사들의 항공취재 경쟁이 벌어진 거였죠.

그때 고속도로 위에 차 한 대를 둘러싸고 여러 대의 차들이 추격전을 펼치듯 쫓아가는 모습이 보였어요. 영화 같은 추격 장면이었죠. 하늘에서 목격한 한겨울의 차량 추격전은 한 시대의 거대한 독재 권력이 몰락하는 역사의 결정적 순간이었습니다.

1996년 강릉 무장공비 침투사건, 1997년 IMF 구제금융 당시의 비통함이 흐르던 기자회견장, 1998년 인도네시아의 독재자 수하르토가 국민에게 백기를 들고 퇴진하던 날 자카르타의 거리, 2000년 김대중 대통령이 노벨평화상을 받던 노르웨이의 시상식장, 2004년 노무현 대통령이 탄핵당하던 국회, 2014년 세월호가 침몰하던 날 진도로 내려가기 위해 전세버스를 기다리는 단원고 학부모들의 옆에서 저의 카메라는 조용히

2018, 1차 남북정상회담

붉은 레코딩 신호를 보내며 돌아가고 있었습니다.

　취재한 영상이 뉴스로 방송되고, 회사의 영상자료가 되고, 내가 촬영한 화면에 시간이라는 무게가 더해져 '역사'의 장면이 되어가는 것을 볼 때마다 영상기자라는 직업에 자부심을 느낍니다.

　어려운 상황에 빠진 사람들의 애절한 목소리, 기쁨과 환호성이 가득한 현장의 열기, 높고 험한 길을 올라가 대자연의 신비함과 그들이 인간에게 보내는 신호들을 카메라에 담을 때에는 인간의 왜소함도 느꼈습니다. 방글라데시의 빈민가에서

1999년 5월 인도네시아 사태 당시 시위대 지도자인 아미엔 라이스(후에 국회의장이 됨)의 연설장 취재

따뜻한 미소와 호의를 베푸는 사람들을 찍으면서 제가 가진 편견을 반성했어요. 미국 백악관의 집무실에서 대통령의 모습을 촬영할 때에는 우리나라의 정치적 위상과 우리 지도자의 고충도 엿보았습니다.

카메라를 들고 현장을 기록해야 하는 영상기자는 미지의 세계를 찾아 떠나는 탐험가, 세계의 곳곳을 찾아다니며 시장을 개척하는 사업가만큼은 아니더라도 언제나 새로움을 느끼고 변화를 마주하는 직업입니다. 늘 설레고 일상의 지루함을 느낄 수 없는 멋진 일이라고 생각합니다.

2000년 노벨평화상 오슬로 시상식장에서

2001년 아세안총회 당시 브루나이에서
김대중 대통령 환영인파와 함께

영상기자의 힘든 점은 무엇인가요

편 영상기자의 힘든 점은 무엇인가요?

나 영상기자들이 모이면 자주 하는 농담이 있습니다.

"우리 부모님이 더운 날 시원한 에어컨 밑에서 일하고, 추운 날 히터 나오는 따뜻한 사무실에 앉아서 일하라고 했는데, 더운 날은 더운 곳에서 추운 날은 추운 곳에서 무거운 카메라를 들고 서서 일하고 있어."

뉴스는 날씨에 상관없이 생깁니다. 폭염과 한파가 덮치면 TV에서는 야외활동을 자제하라고 이야기하지만, 뉴스를 만드는 우리는 폭염과 혹한의 모습을 촬영하기 위해 카메라도 녹일 정도의 땡볕 속으로, 온몸을 얼릴 것 같은 추위 속으로 들어가야 합니다.

홍수, 지진과 같은 재해 상황, 안전의 위협을 느끼는 사건 사고 현장에서도 영상기자는 카메라를 들고 끝까지 자리를 지키고, 더 깊숙한 현장으로 들어가는 결단을 내려야 합니다. 영상기자가 카메라를 들고 현장을 기록하는 것은 너무나 당연하지만, 그 당연한 일이 힘들 때도 있어요.

편 구체적인 이야기를 듣고 싶어요.

나 1983년 전두환 전 대통령과 장관들이 서남아, 대양주 6개 국을 방문했는데, 첫 방문국으로 미얀마에 갔어요. 미얀마 독립 영웅인 아웅산의 묘를 참배하는 행사가 예정되어 있었는데, 폭탄테러 사건(아웅산 폭탄 테러 사건)이 발생했어요. 공식행사 전에 일어나서 대통령은 테러를 피했지만, 우리나라의 부총리, 장관 3명, 차관 3명, 국회의원, 기자, 경호관 등 17명이 목숨을 잃고, 여러 명의 부상자가 발생한 큰 폭발 테러 사건이었어요.

이 현장에 MBC의 임채헌, 이재은 영상기자가 있었습니다. 두 영상기자는 폭발이 일어나는 순간을 놓치지 않고 수행원들과 현장 관계자들의 피해를 촬영했어요. 생생한 테러의 순간을 담은 그 영상은 국내뿐 아니라 전 세계에 긴급 뉴스로 타전되었고 한국 방송역사의 특종으로 기록됐습니다.

그러면 이 두 영상기자는 테러 현장에서 아무런 피해를 보지 않아서 촬영한 걸까요?

🔲 그 정도의 사건이었다면 현장의 모든 사람이 다쳤을 것 같아요.

🔲 두 기자 모두 폭탄의 압력과 파편 때문에 온몸에 상처를 입어 피를 흘렸고, 폭발음에 고막이 찢어져서 소리를 제대로 분간할 수 없는 상황이었어요.

폭탄이 터지는 순간 '아, 큰일 났다. 여기에서 죽는구나.' 하는 엄청난 공포가 본능적으로 다가왔고, 자신의 죽음을 슬퍼할 아내와 아이들, 가족들의 모습이 순식간에 머리를 스쳤다고 합니다.

하지만 테러 현장 앞에서 빨리 이 자리를 피해야 한다는 생각보다는 '설령 마지막이 되어도 이 상황을 기록해야 한다.'는 본능이 작동해 카메라를 들고 뷰파인더에 눈을 고정해 녹화 버튼을 누르고 손에 힘을 꽉 쥐었다고 해요.

🔲 저런 절체절명의 순간에 놓인 자신의 생명을 더욱 많은 사람들에게 진실을 알리기 위한 행동에 사용했다는 것에 깊은 감동을 합니다.

🔲 가끔 기자 동료들과 이분들의 일화를 말하며 '나라면 어떻게 했을까?'라는 이야기를 나눌 때가 있어요. "그분들의 강

1983. 10. 9 아웅산테러 사건 취재 보도 영상

1

2

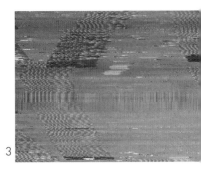

3

1. 아웅산 묘소로 이동하는 취재진과 수행원들의 모습
2. 대통령 도착 직전의 아웅산 묘소 사전스케치
3. 묘소스케치 도중 터진 북한 공작원이 숨겨둔 폭탄이 폭발하면서 발생한
   강한 압력으로 카메라의 영상이 뭉개져 버린 상황

4. 사망자가 발생하고 자신들이 상처를 입은 상황에서도 영상취재가 계속되었다.
5. 상처를 입은 현지 언론사의 취재진
6. 폐허가 된 아웅산 묘소

인한 정신력과 행동에 박수를 보내지만 나는 현장에서 그렇게 못 할 거 같다."라고 솔직하게 말하는 동료들이 많아요. 하지만 연평도 포격 사건, 동일본대지진, 후쿠시마 원전사고, 홍수 현장, 대형 참사 등 현장에서 사고당할 수도 있는 곳에 취재 나갈 지원자를 받으면, 대부분의 영상기자들이 자신이 그곳으로 달려가겠다고 손을 들어요. 위험을 감수하고 취재한 영상들을 볼 때마다 영상기자 동료들을 존경하고 신뢰하게 되었습니다.

순간을 놓치면 안 된다는 부담감이 클 것 같아요

편 역사의 순간을 기록한다는 자부심도 있겠지만, 이 순간을 놓치면 안 된다는 부담감이 정말 클 것 같아요.

나 맞아요. 돌이킬 수 없고 다시 반복할 수 없는 상황을 실수 없이 찍어야 한다는 생각뿐이죠. 이 직업의 어려움 중 하나예요. 가끔 장소가 좁거나 취재원의 경호, 의전의 문제로 취재 인원이 제한되어 영상기자들을 대표해 혼자 취재에 들어가는 경우가 있는데 그때 받는 스트레스는 정말 큽니다.

편 그런 경우가 많은가요?

나 2018년 4월 27일, 판문점에서 역사적인 남북정상회담이 열렸어요. 문재인 대통령과 김정은 위원장이 70년 분단의 상징인 군사분계선을 함께 넘나드는 감동의 장면이 전 세계에 송출됐어요. 저도 국회 기자실에서 동료 영상기자들과 그 순간을 감격하며 지켜봤죠. 그런데 순간 직업의식이 발동해 영상에 대해 평가하는 말들을 내뱉게 돼요.

　"저건 저렇게 찍으면 안 돼."

　"아, 이건 악수하는 손에서 클로즈 업close up 상태로 양 정상의 얼굴을 틸트 업^{tilt up} 해서 줌 아웃^{zoom out} 해야지!"

"아니, 저 위치엔 한 팀이 더 있어야 하는데!"

모두 영상취재에 대한 자신들의 생각을 쏟아내기 시작했어요. 그 현장에 있는 영상기자는 동료들, 5천만 명의 국민, 전 세계 사람들에게 자기 영상을 평가받는 느낌이었겠죠.

편 스트레스가 없다면 거짓말이죠.

나 그 영상을 보는 내내 현장 영상기자들의 마음이 느껴졌어요. 특히 두 정상 가장 가까이에서 촬영한 영상기자의 화면을 보면, 두 정상이 군사 분계선을 넘는 순간 그 문턱을 넘는 두 정상의 발을 클로즈업 하지 못했어요. 많은 영상기자들이 아쉬움의 탄식을 했죠. 오히려 저 멀리서 촬영한 영상기자가 두 정상의 발을 클로즈업해서 찍은 화면을 올렸더라고요. 그건 기술이나 실력의 차이가 아니에요. 역사적인 현장에 서 있던 영상기자의 부담감 때문이라고 생각해요.

스포츠 경기 촬영은 짜릿할 것 같아요

편 스포츠 경기 촬영은 짜릿할 것 같아요.

나 2007년 스포츠 영상 취재를 맡을 때예요. 그해 6월에 양준혁 선수가 우리나라 프로야구 사상 최초로 2000안타 기록 수립에 도전하고 있었어요. 1982년 한국프로야구가 시작된 이래 처음으로 나오는 대기록의 순간을 취재하기 위해 1996개 안타가 나온 경기부터 양준혁 선수의 모든 경기의 촬영을 나갔죠. 운동장 뒤에서 카메라와 트라이 포드를 뻗쳐놓고 대기했어요.

금방 대기록을 달성할 줄 알았는데, 양준혁 선수가 느끼는 부담이 컸는지 아니면 야구사에 영원히 기록될 대기록을 허용하는 투수가 되고 싶지 않다는 투수들의 견제심리가 강했는지 며칠 동안 제대로 된 타구가 안 나오는 거예요. 하루에 두세 개씩 안타를 치던 선수가 한 개를 간신히 치고, 1999번째, 2000번째 안타를 기대하던 날은 타격이 영 부진해서 계속 아웃되었죠.

며칠 동안 그의 타석마다 포커스를 맞춰놓고 촬영하다 보니 선수에게 감정이입이 되더라고요. 스트라이크 아웃을 당하

는 순간, 그의 아쉬운 표정만큼 저 또한 아쉬웠어요.

무안타 경기 다음 날, 운동장에 나타난 양준혁 선수의 얼굴이 편안해 보였어요. 얼굴의 비장함이 사라지고 미소가 있었죠. 경기에 대한 부담을 내려놓고 즐겁게 임하려는 선수의 마음이 느껴졌어요. '오늘은 기록이 나올 수 있겠구나!' 하는 생각이 들어, 타격장면을 놓치지 않으려고 제 몸은 더 긴장되더라고요. 결국, 두 번째 타석에서 안타를 치며 기록에 가까워지

더니 9회 초 다섯 번째 타석에서 한국 야구 역사에 길이 남을 첫 2000안타의 기록을 세웠어요. 저는 그 장면을 기록했고요.

열렬한 야구팬인 제가 야구 역사에 남을 역사의 순간을 기록했다는 게 너무 짜릿했어요. 하지만 뿌듯함도 잠시, 취재를 마치고 며칠 동안 손과 어깨, 허리가 아파서 고생했어요. 며칠 동안 양 선수의 타석 뒤에서 오랜 시간 너무 긴장한 자세로 서 있다 보니, 몸에 무리가 온 거죠. 순식간에 터져 나올 역사적인 안타 한 방을 놓치지 않고 기록해야 한다는 부담감이 선수의 부담감만큼 컸어요.

편 역사의 한가운데 있다는 자긍심과 무게감이 영상기자라는 직업의 양면성이네요.

나 영상 기자의 또 한 가지 힘든 점은 취재 현장에 서 있는 동안에는, 마음속 기쁨과 슬픔, 분노와 고통을 표현해선 안 되고 참아야 한다는 거죠.

월드컵, 세월호 참사, 연평도 포격 사건, 경기 북부 수해, 정치 집회 등의 현장에서 카메라 뷰파인더에 펼쳐지는 광경에 기쁨과 슬픔, 분노와 공포, 육체적 고통을 느낀 적이 참 많았어요.

당장 카메라를 내려놓고 그들 속에서 함께 하고 싶지만 내 눈과 카메라로 목격한 현장을 있는 그대로 알리기 위해 모든 감정을 삭이며 뷰파인더를 응시해요. 지금, 이 순간을 내가 기록하지 않으면 많은 사람이 알 수 없을 테니까요.

뉴스 분야에 따른 영상 취재 방법을 알려 주세요

편 뉴스 분야에 따라 영상 취재 방법이 다른가요?

나 네. 정치 분야는 특정 정치인이나 정당의 활동을 취재한 경우, 정치적 이해관계를 달리하는 정치인과 정당들의 입장들도 동시에 취재해야 해요. 정치적으로 편파적인 뉴스를 막기 위해서죠.

스포츠 영상기자는 경기 규칙을 정확히 숙지해서 전체 흐름을 제대로 이해해야죠. 예를 들어서 야구 취재를 하러 갔는데 주자 1,3루 상황에서 1루 주자가 도루해요. 도루하는 선수만 집중해 찍고 있으면 안 돼요. 그 선수를 찍는 동시에 경기장 전체에 다른 한쪽 눈을 돌려야 해요. 왜냐면, 야수들이 2루 주자에 정신을 팔고 있는 사이에 3루 주자가 홈으로 파고들 수 있거든요. 그 상황까지를 염두에 두고 있어야 더블스틸(두 명의 주자가 동시에 도루하는 주류플레이)상황에서 줌 아웃Zoom-out을 해서 전체 플레이를 동시에 촬영할 수 있어요.

만약 국가대표 A매치나 월드컵 축구경기를 찍을 때 상대편 골대 뒤에서 우리 선수들의 슛 장면을 찍는 위치에 있다고 해봐요. 손흥민 선수가 슛을 차서 득점했어요. 현장의 영상기자는 손흥민 선수만 찍으면 안 돼요. 손흥민 선수가 공을 몰고 골대로 다가오는 순간부터 우리 코치진과 감독이 좋아하는 모습, 관중석의 붉은 악마들이 환호하는 모습, 그들을 향해 골세레머니를 펼칠 손흥민 선수와 동료 선수들의 행동까지 촬영하겠다는 계획을 머릿속에 미리 구상하고 있어야 해요.

영상 취재와 편집은 한정된 공간 안에서 순식간에 이루어지는 일들을 내가 분석해서 재구성하는 일이에요. 그래서 취

2002년 한일월드컵은 미속촬영 기법의 사용 등 영상기자들의 새로운 영상기법이 시도되었다

재의 내용뿐만 아니라 어떻게 찍어서 편집할 것인지 미리 고
민해야 합니다.

영상기자에게 가장 필요한 능력은 무엇일까요

편. 영상기자에게 가장 필요한 능력은 무엇일까요?

나. 어려운 질문이네요. 사람마다 생각이 다르기 때문에 어떤 정답이 아니라 저의 개인적인 생각을 말씀드릴게요. 다양한 분야에 대해 열린 호기심과 관찰력, 힘든 상황을 참고 기다릴 줄 아는 참을성, 어떤 상황이나 이야기를 머릿속으로 그리는 능력을 갖추고 있거나 키우면 좋다고 생각해요.

영상기자는 매일 다른 뉴스 소재, 취재원, 취재장소를 접해요. 변화무쌍한 일을 마주하는 게 힘든 사람은 이 일과 맞지 않을 것 같아요. 새로운 사건과 현상에 호기심을 갖고 들여다보며 특이한 점들을 발견하고 그걸 재미있어하는 사람이 영상기자 일에 적합하다고 생각해요.

뉴스가 발생하는 현장은 다양해요. 자연재해, 전쟁터, 구름 같은 취재진이 몰려들어 발 디딜 틈이 없는 비좁은 공간이 취재 장소가 되기도 하죠. 아름다운 단풍을 찍기 위해 하루 만에 설악산 대청봉을 갔다 오고, 검찰에 출두하는 전직 대통령을 찍기 위해 1박 2일 동안 한 자리에 서 있어야 할 때도 있어요. 3분짜리 뉴스를 만들기 위해 10개의 촬영 원본을 갖다 놓고 편집실에서 밤을 새우며 편집을 할 때도 있고요. 목표를 위해 고통을 참고 기다릴 수 있는 마음의 여유와 끈질김이 필수입니다.

해경의 구조작업을 비판하는 세월호 참사자 가족들을
취재하는 기자들

예고 없이 일어나는 자연재해는
어떻게 영상 취재하나요

편 예고 없이 일어나는 자연재해는 어떻게 영상 취재하나요?

나 몇 년 전에 강릉 MBC의 한 영상기자가 집중호우 상황을 취재하기 위해 강원도의 한 국도를 촬영 갔다가 갑자기 땅이 꺼지며 도로가 흙더미와 함께 떠내려가는 장면을 찍은 적이 있어요. 다른 취재를 하러 갔다가 생각지도 못한 순간을 찍은 거죠. 어떤 순간에도 카메라를 들고 찍을 준비가 되어 있었던 거예요.

대부분 자연재해는 영상기자가 직접 못 찍는 경우가 많아요. 일본처럼 지진이 많은 나라는 지진 발생 당시의 상황을 영상에 담기 위해 사무실, 주요 지역의 건물, 특정 지점에 CC-TV용 카메라를 설치해 놓고 속보를 위한 재해 영상을 확보하는 장치를 해놓았어요. 우리나라도 갑작스러운 자연재해 및 태풍과 같이 예고된 재해가 발생할 경우, 생생한 현장 영상을 확보하기 위해 시청자들의 제보 영상과 재해 현장의 CC-TV영상을 확보하려고 노력합니다. 최근의 태풍 관련 뉴스나 경주 지진 관련 보도를 보면, 재해가 이미 발생하고 난

대만 대지진 당시

후 재해 피해를 담은 영상기자들의 영상보다 그 순간 현장에서 일반 시민들이 핸드폰으로 찍은 영상들이 뉴스에 더 많이 나오는 걸 볼 수 있어요.

사람들은 누구나 카메라를 갖고 있어요. 현장에 있는 사람들이 최고의 영상기자가 되는 시대가 온 거죠. 그래서 큰 재해가 발생하면 영상기자들은 일반 시민이 촬영한 화면들을 SNS에서 검색하고 촬영한 사람에게 연락해서 영상 사용 동의권을 받아 뉴스에 맞게 편집을 해서 내보내는 일을 합니다. 5000만 카메라 시대에 달라진 영상기자의 모습입니다.

전쟁 지역을 취재하는 게 두렵지 않나요

편 뉴스를 보면 전쟁 지역을 취재하는 한국 기자들도 있는데, 전쟁지역을 취재하는 게 두렵지 않나요? 전쟁 및 분쟁 지역에 파견할 영상기자는 어떻게 선발하나요?

나 한국의 방송사들은 그 지역에 우리 군이 파병되어 있거나 그 전쟁이 국제 정치, 경제 질서에 엄청난 영향을 줘서, 현지에 진출한 한국기업이나 교민들의 안전에 심각한 영향을 미치는 경우에 취재진을 파견합니다. 전쟁터를 취재한다는 건 말만 들어도 스트레스를 받는 일이에요. 저는 1, 2차 연평해전과 연평도 포격 사건을 취재해 봤지만, 해외의 전쟁 취재는 가본 적이 없습니다.

2003년 미국의 이라크 침공 당시 종군기자로 참전했던 동료 영상기자들의 이야기를 들어보면, 미군 부대를 따라 이동했던 팀이나 바그다드 내에서 취재했던 기자들은 다행히 큰 위험이 없었대요. 하지만, 미군의 바그다드 함락이 가까워졌다는 소식을 듣고 터키의 이라크 난민촌에서 국경을 넘어 바그다드로 이동했던 한국 기자들은 이동 도중 이라크 민병대의 위협으로 죽음 직전까지 내몰리거나 그들에게 무방비 상태로

연평해전 당시

2002년 2차 연평해전 취재를 마치고 떠나던 날
MBC 취재진 단체사진

폭력을 당하며 간신히 현장을 빠져나왔던 기억들이 있습니다.

1, 2차 세계대전과 한국 6·25전쟁 시대의 언론 보도는 국가와 군대를 홍보하는 기능이 강했습니다. 하지만, 베트남 전쟁 이후 본격적으로 성장하기 시작한 미국과 서유럽의 방송사들이 국가 홍보의 역할을 벗어나 전쟁의 다양한 현장을 돌아다니며 취재하고, 전쟁의 참상과 자국 군대의 잘못된 행태를 비판하기 시작했어요. TV가 보여준 전쟁의 참상과 미군에 대한 부정적인 보도 때문에 시민들의 반전 여론이 높아지고 이것이 베트남전의 패배를 가져왔다는 미국 정부의 인식 때문에 베트남전 이후 미국이 관여한 여러 차례의 전쟁에 미국 방송사는 물론이고, 서유럽 국가의 방송 취재는 제한을 받았습니다. 제약을 받는 방송사와 언론사들은 분쟁이 일어나고 전쟁 가능성이 있는 국가의 현지 영상기자와 취재기자를 고용해 뉴스를 취재하기 시작했어요.

한국 방송사는 해외에서 일어나는 전쟁에 취재진을 파견하기보다는 외신이 전하는 소식에 의존하는 경우가 많았습니다. 그러다 한국 기업들의 해외 진출과 세계화에 대한 사회적 관심이 커지면서 국제 뉴스의 비중이 커졌고 1990년대 미국의 이라크 침공과 동유럽의 코소보 내전 등에 취재진을 파견하기 시작했습니다.

2001년 9 · 11테러 이후 벌어진 미국의 아프가니스탄 침공과 2003년 이라크 전쟁이 일어나면서, 현지에 진출한 국내 기업과 교민들의 안전문제가 불거졌고, 장기적으로 전쟁 이후 석유 수입과 관련한 문제들이 중요한 이슈로 떠올랐어요. 또한 미국 정부의 한국군 파병요구가 계속 있는 상황이었기 때문에 대대적으로 취재진을 파견했습니다.

이라크 전쟁 취재는, 영상기자 경험이 10년 이상 된 선배와 5년 이하의 경력을 가진 후배를 한 팀으로 묶어서 파견했어요. 전쟁터에서 현장을 파악하고 안전상 취재를 포기해야하는 상황에서는 무리한 취재를 하지 않도록 정확한 판단을 해야 하니까요.

편 전쟁 지역에 가면 기자들은 신변 보호를 받지 않나요? 기자의 보호에 대한 국가 간의 약속 같은 것이 있지 않나요?

나 전쟁터에서 취재진은 전쟁 국가들에 의해 보호되지 않습니다. 2003년 이라크 전쟁 당시 미군에 의해 임베디드 embedded 프로그램이라는 것이 운영됐어요. 미군이 정한 군부대를 따라 안전 보호를 받으며 취재하는 규칙이었죠. 이라크전은 정

걸프전 현장보도
91.1.17

1991년 걸프전 당시 이라크의 수도 바그다드에서
MBC 영상기자들이 취재한 폭격장면

규군보다도 민병대라 불리는 이라크 비정규군의 공격이 많았
기 때문에 취재진의 안전을 보호받을 수 있는 임베디드 프로
그램에 참여하라는 것이 미군의 요청이었습니다. 명목상 임베
디드 프로그램에 참여하면 취재진의 안전은 보장되었지만, 결
국 미군이 보여주는 상황만 취재할 수밖에 없다는 비판이 일
어나 많은 방송사가 자체적인 취재팀을 운영했어요. 이렇게

구성된 별도의 취재팀은 사설 안전요원을 고용해 움직일 수밖에 없었고 서구의 방송사들이 많은 경험을 가진 고가의 안전요원을 고용했지만, 한국의 취재팀들은 교민들이 섭외한 현지인들을 믿고 취재에 나갈 수밖에 없는 상황이었죠.

"영상기자들은 카메라를 메고 있으면 박격포를 무장한 것으로 오인당할 수 있으니 조심해야 한다."는 조언에 의지해 취재해야 하는 열악한 상황이었던 거죠.

다행히 KBS 취재팀이 이라크에서 현지 민간인으로 오인되어 미군에게 억류되었다 풀려나는 일 외에는 큰 사고나 피해 없이 마무리되었습니다. 이후 전쟁 취재 기자의 안전에 대한 영상기자들과 취재기자들의 문제제기가 있었고 방송사, 협회에서 INSI^{International News Safety Institute}같은 언론인 안전문제를 다루는 기관에 기자들을 파견해 안전교육을 받기도 했습니다. 점점 국제 분야에 대한 보도 비중이 커지므로, 전쟁 취재에 안전이 보장되는 준비와 노력이 필요합니다.

초상권 문제는 어떻게 해결하나요

편 요즘 사람들은 자신의 초상권 침해에 대해 많은 관심을 두고 있어요. 취재 현장에서 초상권 문제는 어떻게 해결하나요?

나 1980~1990년대에는 개인의 사생활이나 인권이 지금보다는 존중받지 못했어요. 그러다 보니, 언론이 취재하고 보도하면서 개인의 초상권이나 사적인 권리를 침해해도, 언론의 알 권리가 더 중요하다고 보고 어느 정도 실수를 인정해주는 분위기였죠.

2000년대 이후에는 사람들이 자신의 인권에 대해 깊이 고민하고 목소리를 내기 시작하면서, 영상기자는 촬영 당하는 사람들의 초상권, 인격권 등의 인권침해에 많은 관심과 주의를 기울이고 있습니다.

한 방송사가 초상권 침해로 언론중재위원회까지 갔다가 패소한 유명한 사건 하나가 있어요. 어느 휴일, 날씨 뉴스의 배경으로 고궁의 풍경을 스케치한 영상이 방송되었어요. 취재한 영상기자는 나뭇잎이 떨어지는 가을날 한가로운 휴일 분위기에 맞게 데이트를 하는 선남선녀가 있어서 촬영해 방송에 내보냈는데 그게 언론 중재소송에 걸렸어요. 알고 보니 화면에 나온 연인 중 한 명이 다음 주에 결혼하는데, 그 전에 고궁에서 옛 애인을 만난 거예요. 방송된 영상 때문에 영상 속 사람이 파혼을 당했어요. 그래서 소송을 걸었고요.

🔳 당사자에게 안 물어보고 찍은 거예요?

🔳 취재를 하러 갔던 영상기자는 커다란 방송용 카메라로 찍고 있으니까 고궁 나들이객 누구나 '방송사 촬영을 인지하고, 카메라를 알아서 피해갔을 거로 생각했어요. 같은 상황이었다면 저도 그렇게 생각했을 것 같아요.

또 다른 사례가 있는데요. 세월호 참사와 관련해 관계자들이 검찰 조사를 받을 때 어떤 특정인을 보호하기 위한 지지자들이 포토라인 뒤에 서 있었고 방송에 얼굴이 나갔어요. 초상권을 침해당했다고 소송을 냈는데 2심까지는 방송사와 영상기자가 승소를 했어요.

🔳 포토라인에 같이 섰다는 것 자체가 촬영해도 된다는 의미 아닌가요?

🔳 그렇죠. 법원에서는 "포토라인은 취재원의 인격권과 어떤 신체상의 어떤 위험을 방지하기 위해서 질서 있게 취재를 하

고 그 사람의 인권을 보호하는 차원에서 만들어졌는데, 이미 공지가 돼서 출두하는 상황, 공개적인 촬영을 다 인지한 상태에서 그 사람과 같이 서 있었다는 것은 자신도 함께 찍히는 것에 대해 인지했을 가능성이 높다. 그래서 초상권을 침해받았다고 하기에는 문제가 있다."라고 판결했어요.

이렇게 영상 보도와 관련해 피해를 보았다고 주장하는 시청자의 문제 제기와 법적 대응은 더욱 늘어날 겁니다. 이런 변화에 맞춰 촬영 당하는 사람에 대한 초상권과 인격권을 보호하고 존중하기 위한 영상기자들의 노력이 더욱 필요합니다. 관련된 법을 이해하고, 취재윤리를 고민할 수 있는 관련 교육도 활발하게 이루어져야죠.

저도 후배들에게 취재원에 대한 초상권과 인권침해의 문제가 발생하지 않도록 노력해야 한다고 자주 이야기합니다. 많은 영상기자들이 "소송당하는 것보다는 애매하면 영상 편집할 때 취재원의 초상을 모자이크 처리해 주는 것이 낫다."라고 말합니다. 하지만, 뉴스가 임박해서 영상을 편집하다 보면, 급하게 취재원의 얼굴을 모자이크하거나 뿌옇게 블러^{blur} 처리하다 실수로 한 두 컷을 빠뜨리는 상황이 발생할 수 있어요. 그러면 전혀 의도하지 않은 초상권 침해가 일어나죠. 이런 일들을 막기 위해 영상취재 단계에서부터 취재원의 초상권과 인권을 보호하려는 방법을 고민하고 구체적인 영상취재, 보도가이드라인 등을 제정하고, 현장에 정착시키려는 노력들이 일어나고 있습니다.

지난 2018년부터 한국영상기자협회에서 영상기자, 언론학자, 언론 관련 법률가들이 모여 〈영상보도가이드라인〉을 연구, 제정하는 작업들이 진행되었습니다. 그 결과, 2018년에 〈영상보도가이드라인〉이 제정되었고, 그 내용을 담은 책이 출판되고, 이에 대한 영상기자, 영상편집자, 취재기자들에 대한 교육과 모니터링도 진행되고 있습니다.

이 가이드라인은 취재원의 보호뿐만 아니라 취재자 자신의 안전과 인권을 지키기 위한 내용들도 구체적으로 제시하고 있습니다. 코로나19시대 팬더믹 상황에 맞춘 방역상황에서의 어떻게 취재할 것인가를 다룬 개정판이 나왔습니다. 한국영상기자협회는 이에 대한 회원, 비회원 교육을 대대적으로 진행하고 있고, 〈영상기자상〉 심사에서 출품자들의 가이드라인 준수여부를 엄격히 따지고 있습니다. 그 결과 영상취재, 보도현장의 많은 변화가 일어나고 있습니다.

영상기자나 언론인들을 꿈꾸는 이들은 물론이고 영상을

촬영하고 제작하는 것에 관심이 많은 분들은 〈영상보도가이드라인〉을 읽고, 영상제작에 적용해 본다면 많은 도움이 될 것입니다.

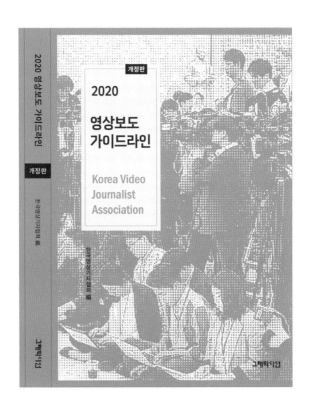

영상기자는 미래에도 필요한 직업일까요

편 영상기자는 미래에도 필요한 직업일까요?

나 우리 스스로 물어요.

'A.I 시대에 우리가 살아남을 수 있을까?'

우리처럼 고성능 카메라로 촬영을 하는 로봇을 만들 수는 있겠죠. 그런데 너무 고비용이 들어가요. 수요는 방송사 정도밖에 없을 거고요. 그 큰돈을 들여서 로봇을 만드느니 그냥 사람을 쓰는 게 낫지 않을까요? 저는 인간이 존재하는 한 우리의 직업은 끝까지 살아남을 거로 생각해요. 왜냐하면 영상으로 기록하고 소통하는 건 태초의 인간부터 이어 온 본능이니까요.

사건, 사고 뉴스에 CCTV 영상을 많이 사용하지만, 그 이후의 상황이나 피해자, 목격자의 인터뷰는 영상기자의 몫입니다. 만약 곳곳에 CCTV를 설치해 그 영상을 모으고, 사건·사고의 현장에 AI 로봇을 보내 촬영을 하는 시대가 오더라도 무엇을 찍고, 어떤 각도와 방법으로 촬영을 할 것인가는 결국 현장의 카메라를 제어하는 인간의 몫으로 남을 거예요. 그 일이 바로 영상기자의 역할이 될 거고요. 저는 뉴스 현장에서 인간이 빠진 영상을 보고 싶진 않아요. 사람 사는 이야기를 기록하고, 소통과 공감까지 끌어내는 일은 사람만이 할 수 있는 일 아닐까요?

세월호 합동분향소에서 무질서하게 취재를 하는 취재진

영상기자의
세계

*Video
reporter*

Record today in history

위험과 맞닥뜨리면 어떻게 해요

편 취재할 때 취재방해나 갑작스러운 위험과 맞닥뜨리게 되는 경우가 많을 것 같아요.

나 취재 현장에서 영상기자들이 환영받지 못하는 경우가 많아요. 그러다 보니 취재원에게 촬영을 저지당하는 것은 다반사고, 심하면 폭행, 억류, 카메라를 뺏기는 일까지 생겨요. 취재원을 차량으로 쫓아다닐 때 사고가 발생하거나, 재해나 사고 현장에서 취재에 몰두하다 가슴 쓸어내리는 순간을 경험해요.

입사 5~6년 차 때였어요. 농촌의 창고를 빌려 공장을 차려놓고는, 그 지역의 재료상에서 원료를 공급받고, 농민들을 고용해서 물건을 만들던 업자가 있었어요. 이렇게 몇 달간 운영하다가 사장이 한밤중에 모든 기계, 원료, 생산품을 갖고 사라져 버린 거예요. 농민들은 납품 대금과 월급을 몇 달 치 받지 못한 상태였어요. 알고 보니 전국의 농촌 지역을 돌며 이런 사기를 치고 도주하는 일당들이 벌인 사건이었어요.

그런데, 이 사람들이 경기도의 한 농촌 지역에서 똑같은 일을 벌이고 있다는 제보를 받고 달려갔어요. 도착한 창고 근처에 숨어서 지켜보니 창고 안에서 상자에 담긴 물건들을 빼서 상표 갈이를 하고 다시 새로운 상자에 담아 배송 차량에 옮기는 작업이 한창이었지요. 어느 정도 촬영을 마치고 직접 창고로 들어가 보기로 했는데, 너무 외진 곳이라 겁도 나고, 이 사람들이 현행범일 경우, 우리가 취재하더라도 다시 도주할 우려가 있어 보였어요. 함께 온 취재차 운전기사님께 우리가 폭행을 당하거나 이상한 낌새가 보이면 경찰에 신고해달라고 부탁하고 취재를 하러 갔지요.

취재기자 후배, 오디오맨(영상보조)과 함께 창고 앞 물건을 싣는 작업장에 다가가 어떤 작업을 하는지 공장직원들에게 묻자 사장이 나와 "카메라 뺏어"라고 지시했어요. 직원들이 카메라를 뺏으러 몰려들었고, 필사적으로 버텨봤지만, 결국 카메라를 빼앗겼고, 이 사람들이 저희를 빈 창고에 가뒀죠. 창고 안은 어두웠고 문은 꼼짝도 안 해요. 신고하려고 전화기를 꺼냈는데 통신 신호도 잡히지 않았고요.

'설마 죽이기야 하겠어.'하고 마음을 가라앉히고 있는데, 경찰차 소리가 들렸어요. 경찰들이 "신고를 받고 왔는데 MBC 취재팀이 여기 오지 않았냐?"고 하는 소리가 어렴풋이 들렸고, "헤헤, 무슨 소리예요. MBC가 이런 시골에 왜 와요? 여기는 저희밖에 없어요." 하는 거짓말이 들렸어요. 필사적으로 문을 두드리고, 창고 문틈으로 소리를 질렀어요. 신고한 운전 기사분이 달려와 "저 창고 안에 있습니다." 하는 소리가 들렸죠. 잠시 후에 문이 열려서 창고를 나왔어요. 경찰이 "왜 거짓말을 했냐?"고 사장에게 묻자, 이 사람들이 갑자기 카메라를 들고 와서 취재하는 바람에 자기들도 엉겁결에 벌인 일이라며 용서해 달라고 했대요.

빼앗긴 카메라를 돌려받았는데 이미 테이프는 사라졌더라고요. 경찰에서 그들과 농촌 공장 사기범과의 연관성을 밝혀내지 못해 사건은 흐지부지되었지만 정말 오싹한 기억으로 남아 있어요.

편 경찰이 안 왔다면 위험한 상황이었네요.

나 국내 취재 현장은 위기상황 때 경찰에 신고해서 도움을 받을 수 있지만, 해외에서는 취재원이 취재를 막으려고 폭력을 행사하면 외국인으로서 어쩔 수 없이 당해야 하는 경우도 많아요. 1998년 초여름 연변에서 우리나라 최초로 북한에 밀가루를 지원하는 협상이 있었어요. 통일부 출입 기자들이 취재 신청서를 냈는데, 북한이 너무 민감해하니까 중국 정부가 기자들의 취재비자 발급은 물론이고 만약을 대비해 일반인들의

잠실지국 근무 당시
눈 오는 날 취재

관광비자 발급까지 전부 불허했어요. 상황이 중대하다 보니, 회사에서 어떻게든 중국 비자를 받아 현지취재를 하려고 했고, 홍콩에서 비자를 신청하면 받을 가능성이 있다는 특파원의 정보 보고를 받고 영상기자를 보냈어요. 야근을 마치고 퇴근하는데, 데스크로부터 전화가 왔어요. 급하게 출장 가야 하니 여권과 짐만 챙겨서 김포공항으로 가라고 했어요.

공항에 도착하니, 회사 동료가 6mm 카메라 장비와 홍콩행 항공권, 홍콩 특파원 현지 연락처를 건네줬고, 얼떨떨한 기분으로 홍콩행 비행기에 올랐습니다. 회사의 지시는 (당시 중국에 반환되기 전) 홍콩에 있는 중국 대표부에서 중국 정부의 관광비자를 받을 수 있으니, 여기에서 비자를 받아 연변까지 가서 베이징 특파원을 만나 함께 취재하는 거였죠.

한밤중에 홍콩에 도착해, 새벽에 일어나 중국 대표부로 가서 비자를 받고, 베이징 공항으로 이동해 스치듯이 현지여행사 직원을 만나 다시 연변행 항공권과 현지 호텔 예약번호를 받아 연변으로 갔어요. 마치 간첩 영화의 장면처럼 꼬박 1박 2일을 움직인 끝에 연변에 도착했지요.

남북 간의 밀가루 지원 회담은 순조롭게 진행됐고, 역사상 처음으로 우리 정부가 북한 정부에 현물지원을 하는 협상이 타

결됐어요. 일사천리로 남한이 지원하는 밀가루를 실은 기차가 두만강 사이에 놓인 중국–북한 간 철교를 넘어가게 됐죠.

북한으로 향하는 밀가루 지원 열차를 촬영하기 위해 철로가 보이는 언덕에 올라서 촬영을 준비하고 있었고, 수많은 외신 방송사, 한국 언론사의 기자들이 결정적 순간을 찍기 위해 기다리고 있는데, 갑자기 중국 공안들이 취재팀을 막기 위해 올라온다는 소리가 들렸어요. 다른 영상기자나 사진기자들은 중국 내 취재 활동 허가증이 있는 특파원, 중국 국적의 기자들이니 큰 문제가 없는데, 저만 관광비자로 들어온 사람이라 문제가 될 수 있다며, 함께 있던 특파원 선배들이 "여기를 벗어나야 한다. 무조건 타고 온 차를 타고 호텔로 도망쳐라!"라고 이야기했어요.

엉겁결에 특파원이 가지고 온 ENG 카메라를 들고 타고 온 차를 향해 달렸지요. 도착해서 운전사에게 빨리 출발하자고 했더니 중국 동포 운전기사는 "우리는 공안이 단속하면 절대로 움직일 수 없습니다."라고 하는 거예요. 애타는 마음에 차 문을 잠갔는데, 공안이 거세게 창문을 두드렸고, 운전기사가 당황해 차 밖으로 나가면서 결국 스스로 문을 열고 나가야 했어요.

취재를 가로막는 경찰들

카메라를 강제로 빼앗으려 해서, 상황 설명을 하는데 갑자기 공안들이 때리기 시작했어요. 결국 카메라를 뺏겼고, 촬영 영상을 보여 달라는 공안의 요구에 머뭇거렸더니 이번에는 허리띠를 풀어서 때리더라고요. 제대로 저항하거나 방어할 수가 없었죠. 촬영한 영상을 보여주고 그 지역의 공안위원회로 이송되어 취조실에서 조사를 받았어요. 낯선 외국의 경찰서, 당시 개혁 개방이 시작된 지 얼마 되지 않은 중국의 변방, 어두컴컴한 취조실에서 중국 공안들과 마주 앉아 조사받으며 느꼈던 공포감은 지금도 잊을 수 없습니다.

다행히 조사를 맡은 중국 공안 간부와 통역을 해준 중국 교포 공안이 제 이야기를 듣고 이해해줬습니다. 취재 동기가 중국 정부나 사회와 관련이 없고, 촬영된 내용도 별문제가 없으니 중국과 한국, 북한과의 관계를 모두 고려해야 하는 자신들의 입장을 이해해 달라고 했어요. 그리고 더 이상의 취재행위를 하지 않는다는 조건으로 풀려났어요.

그런 경험을 하고 나니 중국에 취재를 하러 갈 때면 몸이 먼저 반응하더라고요. 괜히 긴장되고 떨리는데 알고 보니 그 일로 인해 트라우마가 생긴 거죠.

편 외상 후 스트레스장애*가 생긴 거네요.

나 90년대 후반에 국내 연극계에 외설 극 바람이 불어서 대학로의 여러 극장이 '벗기기 연극'을 공연했어요. 안 그래도 어려운 순수예술 극단들이 곤경에 처했습니다. 이 문제를 취재하기 위해서, 대표적인 외설 극 공연 극장에 일반 관람객처럼 위장해 몰래카메라를 들고 취재를 하러 갔어요.

그런데 극단 측이 어떤 눈치를 챘는지 많은 논란이 된 외설적인 장면을 모두 생략하더라고요. 연극이 끝나고 나오는데, 극단 직원이 저에게 "아저씨, 기자죠?"라고 물어보는 거예요. 제가 아니라고 하니까 제 손에 있는 가방 모양의 몰래카메라를 뺏으려고 해요. '이 사람들 눈치 챘구나!'하는 생각이 들어서 MBC 기자라고 순순히 이야기했죠. 제가 기자인 걸 확인하자, 주변에 있던 '삐끼'라고 불리는 호객꾼들이 몰려들어 강제로 몰래카메라를 뺏었어요.

"몰래카메라는 렌즈 부분이 엄청 중요하니까 카메라는 뺏겨도 렌즈는 뺏기면 안 된다."는 선배들의 말이 생각났어요. 눈치를 보다가 극단 관계자들이 카메라 가방을 열어 살피는

---

* 극심한 스트레스를 경험하고 나서 발생하는 심리적 반응

동안, 분리된 렌즈 부분을 잡아채 도망쳤죠. 한낮에 대학으로 골목길을 정신없이 뛰어가니 5~6명의 극단 직원들도 저를 잡으려고 줄줄이 따라왔어요. 마침 도로 한가운데 신호대기로 서 있는 택시가 보여 무조건 올라타서 문을 잠가버렸죠. 그리고 기사님께 무조건 가까운 경찰서로 가자고 부탁했어요. 신호대기 중에 갑자기 탄 손님이 경찰서에 가자고 하고, 저를 쫓아온 사람들이 택시에 달라붙어서 차를 막고 문을 열라고 하니 택시기사님이 너무 당황하는 거예요. 택시 기사님께 제 MBC 사원증과 명함을 보여드리고, 취재 중에 위험한 상황에 빠졌다고 말씀드리니, 차를 움직여 그 사람들을 떼어놓고 저를 경찰서까지 데려다주셨어요.

경찰서에 도착해 사정 이야기를 하고 기다리던 취재팀을 불러 경찰과 공연장에 다시 갔더니, 강제로 카메라를 뺐던 사람들이 아직도 공연장 앞에 서서 정신없이 카메라를 만지고 있는 거예요.
촬영 테이프를 빼내야 하는데 전부 일본어로 쓰여 있어서 꺼냄 버튼을 못 찾고 있었어요.

취재하는 기자들은 경찰과 같은 법적 단속권이나 신변 안전에 대비한 장치를 하고 있지 않아요. 그런 우리가 취재원의 폭력과 물리력에 맞설 수 있는 유일한 무기는 "국민의 알 권리와 사회정의를 위해 정당하고 가치 있는 취재를 하고 있다."는 정당성밖에 없어요.

경험적으로 방송과 언론의 사회적 신뢰도가 높을수록 취재진이 취재 현장에서 폭력과 물리력을 사용한 저항을 받을 가능성은 작아요. 하지만 방송과 언론의 사회적 신뢰도가 낮아질수록 그 불신의 크기만큼 취재원의 물리적, 폭력적 대응에 직면할 가능성이 높다고 생각해요.

1990년대 방송된 카메라 출동 중 교통경찰관이
단속한 차량으로부터 뇌물을 받고 풀어주는 장면
(3일간의 잠복 취재를 통해 잡은 비리 현장)

부상의 위험이 많을 것 같아요

편 부상의 위험이 많을 것 같아요.

나 취재를 하다 보면, 촬영에만 집중하다가 갑작스러운 현장 변화에 대응하지 못해 상처를 입는 경우가 있어요.

자연재해 특히, 폭우, 홍수의 상황은 카메라 뷰파인더에 습기가 차고, 빗줄기가 눈을 가려 촬영의 시야를 좁게 만들어 사고의 위험을 높입니다.

1990년대 후반, 2000년대 초에는 여름만 되면 경기 북부 지역에 집중호우가 발생해 홍수피해가 반복되었어요. 당시 후배 한 명이 문산 침수지역에 취재를 하러 갔다가 불어난 물살에 맨홀이 열려서 하수구에 빨려 들어갔대요. 다행히 팔과 카메라가 맨홀의 양 끝에 걸려서 간신히 목숨을 구했습니다.

2003년 대구 지하철 화재 참사 당시 지역 방송사의 영상기자 한 사람은 사고 현장에 도착해 소방관들이 지하철 사고 현장으로 들어가는 걸 보고 무작정 따라 들어갔는데 막는 사람이 없어 퀴퀴한 연기 냄새를 참으며 지하철 계단을 따라 계속 내려갔대요. 어느 순간 검은 연기 속에서 불빛이 보여 다가갔더니 사고 열차 앞에서 공기통이 달린 호흡 장치를 메고 작

업 중인 소방관들이 영상기자를 발견하고 깜짝 놀라며 밖으로 내보냈다고 합니다. 밖에 나와 보니 마스크도 하지 않았던 입과 코에서 검은 침과 콧물이 줄줄 흐르고 있었고요. 취재에만 집중하다가 안전에 대한 생각 없이 스스로 목숨을 잃을뻔 했다는 생각이 들어 깜짝 놀랐다고 합니다.

1990년대 중반 부정부패에 연관된 과거 정권의 실세들이 줄줄이 검찰에 소환되거나 구치소, 교도소로 이송되면서 그들이 움직이는 차량을 취재차로 쫓아가 촬영하는 팔로우follow 취

2007. 하와이림팩 훈련

재를 많이 했어요.

취재당하는 차량이 카메라를 피하고자 고속 주행을 하면 취재차도 그 속도를 낼 수밖에 없어요. 그러다가 차가 갑자기 커브를 돌거나 브레이크를 밟으면 몸을 차밖에 내놓고 촬영하는 영상기자는 상당한 위험함을 느낄 수밖에 없고, 실제로 사고들이 나기도 했어요. 저는 안양교도소에서 출소하는 전두환 전 대통령의 차를 쫓아가며 촬영하다가 멈춰선 차를 찍기 위해 차에서 내려 다가갔는데 그대로 전 씨의 차량이 도망가면서 그 차에 발이 밟힌 적도 있어요.

편 치료비 받으셨어요?

나 당연히 못 받았죠. 타사 기자가 그 장면을 찍어서 방송에 나가긴 했어요. (웃음)

취재하다가 실수해서 당황하는 경우도 있나요

편 취재하다 보면 실수해서 당황하는 경우도 있을 것 같아요.

나 많아요. 열심히 촬영했는데 나중에 확인하면 그 부분이 없어요. 레코딩^{recording} 버튼을 제대로 누르지 않아 촬영은 되지 않고, 촬영이 다 됐다고 생각하고는 다시 버튼을 눌러 그 부분부터 촬영이 되는 경우가 있어요. 그러면 촬영할 부분은 촬영이 안 되고, 촬영을 마친 이후부터 촬영이 되는 거죠. 소위, 취재 내내 NG 컷만 찍고 돌아오는 거예요. 회사에 와서 영상을 보면, 촬영했다고 생각한 장면은 하나도 없고 카메라 들고 걸어가는 장면만 찍혀 있어요.

그러면 뉴스에 사용할 영상이 없어서 관련 자료를 찾고, 사용 가능한 몇 컷을 느리게 편집해서 간신히 리포트를 만들었던 경험이 누구나 한 번쯤 있을 거예요.

제가 청와대에 출입할 때 있었던 일인데, 대통령이 참석하는 실내 간담회에 20년 차 선배님과 함께 취재를 하러 갔어요. 열심히 취재하다 선배님을 봤는데 카메라에 테이프가 안 꽂혀 있는 거예요. 그런데도 선배님이 열심히 촬영하고 계셔서 다가가 살짝 귓속말했죠. "부장님, 지금 카메라에 테이프가

2005년 서커스공연 중인 코끼리들이 탈출해 공연장 주변의
식당을 덮쳤고 그 현장을 영상기자가 촬영했다

1990년대 초반, 취재를 마치고 돌아오던 중 단속교통 경찰관을
버스에 매달고 질주하는 시내버스를 발견한 영상기자의 특종 영상

없는데요."

그런데, 선배님이 조용히 말씀하시더라고요.

"준영씨, 알고 있어. 티 내지 마라."

취재를 마치고 나온 선배님 말씀이 기자실에서 카메라를 들고나오면서 세팅이 안 된 후배의 카메라를 바꿔 갖고 온 거죠. 중요한 대통령의 일정을 취재하면서 카메라 테이프가 없다고 허둥대다 보면 자칫 국가의 중요한 행사를 망칠 수 있다는 생각이 들어 평소 취재처럼 차분하게 촬영하는 척했다." 라고 말씀하시더군요.

다행히 함께 촬영한 대통령 전속 영상기록가에게 양해를 얻어 취재 영상을 얻을 수 있었고 그 선배님의 실수에 대처하는 차분함을 보며 현장에서의 실수에 대처하는 자세에 대해 많은 걸 배웠습니다.

사실 지금 말씀드린 건 수위가 약한 실수예요. 중요한 상황에서 결정적인 실수가 생기면 말 그대로 방송 사고가 나는 거고 그 결과에 대한 책임을 영상기자가 져야 해요. 그래서 실수를 하지 않기 위해 많은 영상기자들이 취재 현장에서 정신을 바짝 차리고 있지만, 실수는 자만심이 싹트는 순간에 어김없이 찾아오더군요.

영상기자들만의 독특한 버릇, 직업병이 있을까요

편 영상기자들만의 독특한 버릇이나 직업병이 있을까요?

나 어디를 가나 사진 찍는 걸 참 좋아하는 것 같아요. 지금은 누구나 핸드폰 카메라로 사진을 쉽게 찍을 수 있어요. 그런데 핸드폰이 나오기 전에도 영상기자들 중에는 휴대용 카메라를 들고 다니며, 이런저런 소소한 것들을 찍는 사람들이 많았어요. 직업병이기도 하지만 당장 눈앞에 보이는 아름다운 풍경, 특이한 것들, 재밌는 상황, 기억하고 싶은 것들을 기록하면 그것이 더 좋은 촬영을 위한 구도와 색감, 새로운 느낌의 샷을 개발하는 데 도움이 많이 돼요. 그러다 보니 사진 찍는 걸 좋아할 수밖에 없어요.

그리고 무슨 영상을 보더라도 분석하는 버릇이 있어요. 영상기자는 둘만 모여도 방송 나간 영상에 대한 좋았던 점, 아쉬움, 동료나 타사의 특이했던 영상, 취재 중에 있었던 일들에 대해 서로 많이 이야기해요. 특이한 워킹, 특이한 편집을 보면 바로 공유하고 이야기를 나누죠. 요즘은 그림을 그리는 사람들이 꽤 있더라고요. 촬영하는 직업을 가져서 그런지 그림 그리는 재능을 발견했다는 동료 기자들이 많아요.

편 평소에 가족들도 많이 촬영하시나요?

나 가족사진, 동영상 찍는 걸 좋아하지만, 정작 식구들은 별로 안 좋아해요. 가족끼리 놀러 가서 간단한 촬영을 하면서도 배경, 구도 등을 따지니까 피곤한가 봐요. 그런데, 저만 그런 줄 알았더니 다들 비슷하더라고요. 나이가 들수록 바쁘다는 핑계로 아이들의 커가는 모습을 담은 사진과 동영상을 더 많이 남기지 못한 것, 이미 연로하신 부모님이 좀 더 젊으셨을 때 영상으로 남기지 못한 것에 대해 아쉬움이 많이 남아요. 남의 모습, 남의 이야기를 담는 데 열중하다 보니 정작 등잔 밑이 어두운 삶을 살아온 것 같습니다.

편 누구나 살아가면서 느끼는 아쉬움인 것 같아요. 저도 이렇게 저자들을 인터뷰하고, 원고를 작성해서 책을 만들지만, 막상 집에 있는 세 아이에게 동화책을 따뜻하게 읽어준 적이 있었나 돌아보면 늘 아쉬워요. 나와 제일 가까운 사람들의 소중함을 깨닫는다면 우리의 인생도 더 풍요로워질 것 같아요. 기자님의 말씀에서 깨닫게 되네요.

혹시 영상기자들이 잘 걸리는 직업병이 있나요?

나 아무래도 카메라의 무게가 11Kg이나 되다 보니 어깨에 무

1998년 KAL기 추락사건 당시 니미츠힐에서
위쪽은 망원 장비가 도착해 꺼내는 모습

1998. KAL기 추락사건 당시 니미츠힐 부근 언덕에서

리가 오고, 트라이포드(삼각대)에 올려서 취재해도 부자연스러운 자세로 오랫동안 서 있다 보니 무리가 와요. 근육통과 디스크 등에 걸릴 확률이 높아요. 그래서 많은 영상기자들이 틈나는 대로 스트레칭이나 헬스 같은 자세 교정 운동을 많이 합니다. 부상을 막기 위해 근육들을 평소에 단련시키는 거죠.

촬영할 때 사람들이 신기하게 쳐다보지 않나요

편 취재 현장에서 촬영할 때 사람들이 신기하게 쳐다보지 않나요.

나 대부분 그래요. 누구나 촬영할 수 있는 시대가 되었다고 해도 방송사의 커다란 ENG 카메라를 보면 사람들은 신기하게 쳐다보고 긴장해요. 자신들을 찍거나, 특정 장소, 특정 일을 찍고 그것이 뉴스에 방송될 가능성이 있으니 신기할 수밖에 없죠. "텔레비전에 내가 나왔으면"이라는 동요도 있잖아요.

또 촬영에 대한 불편함이나 방송, 언론 보도에 대한 불신을 현장의 영상기자에게 표현하는 분들도 계세요. 아무래도 방송사의 로고가 달린 카메라를 들고, 회사를 대표해서 취재하다 보니 자신들의 의견을 직접 표현하시는 것 같아요. 어떤 현장에서는 내가 근무하는 방송사의 로고가 붙은 카메라를 들고 있기 때문에 우리가 보도하는 내용에 대해 만족하고 격려의 표현으로 박수를 보냅니다.

반대로 방송사 내용에 대한 비판과 비난을 현장에서 만난 영상기자에게 퍼부으며, 취재를 방해하거나, 심할 경우에는 영상기자의 취재장면을 사진이나 동영상으로 찍어 SNS나 유튜브 같은 곳에 올려서 비난, 조롱하는 취재원들도 계세요. 그래서 이에 대한 불편함을 호소하는 영상기자들도 있더라고요.

편 뉴스의 공정성 문제나 취재내용의 불만을 영상기자에게 표현하는군요. 시민들에게 촬영과 관련한 질문들도 많이 받을 것 같아요.

나 촬영주제나 내용에 대한 질문도 있고요, 촬영이 끝나고 취재원과 대화 할 기회가 생기면 저희 일에 대한 궁금증을 질문하기도 해요. 취재원들이 제일 많이 건네는 이야기는 "카메라도 무거운데 고생하셨어요."라는 말이에요.

예전에 어떤 선배가 자신은 영상기자로서 제일 아쉬운 것 중 하나가 "카메라가 아주 무겁죠? 카메라 몇 Kg나가나요? 방송 카메라 비싸죠? 가격이 얼마 나가요?"라고 질문을 받는 거래요. 특히 방송에 대해 많이 안다고 자처하는 사람들이 그런 이야기를 많이 한다고 하더라고요.

우리가 첼리스트를 만나거나 화가를 만나서 대뜸 처음 건네는 말로 "첼로가 무겁지 않아요?, 당신이 그린 그림은 얼마나 비싼가요?"라고 질문하지는 않아요. 어떤 분야에서 전문성을 갖고 일하는 사람들에 대해 배려와 대우를 해주지 않는 우리 사회의 분위기에 마음이 상하는 분들이 많으신 것 같아요.

편 정말 결례네요.

나 유럽에 가서 촬영하다 보면 "무엇을 찍으러 왔나요?", "왜 찍으러 왔나요?", "원하는 것을 얻었나요?"라며 말을 걸어오는 사람들이 많아요.

취재하는 내용을 설명해주면 "좋은 일을 하네요.", "어디에 가면 이런 것도 촬영할 수 있으니 참고하세요." "우리 마을, 우리나라 멋있게 잘 찍어 주세요.", "원하는 영상을 꼭 얻으세요."라는 이야기를 많이 들어요.

오랫동안 영상기자로서 이런 일들을 경험하며 드는 생각은 아직 우리 사회가 직업의 다양성과 전문성을 인정하고 존중하는 게 아니라, 어떤 일의 대표라고 생각되는 사람 중심으로만 관심을 두는 것 같아요.

이 세상에는 정말 다양한 직업이 있고, 그 직업마다 고유의 전문성, 그 직업을 움직이는 원리, 가치관이 존재해요. 대부분의 생산품은 한 개인의 작업이 아닌 수많은 사람의 협업과 분업으로 탄생합니다. 그런데 오로지 성과물을 대표하는 사람, 그것 때문에 자신이 돋보이고 싶은 사람들만 이 세상에

2000년 노벨평화상 오슬로 시상식장
수행원 프레스카드

각종 취재 현장에서 받았던 프레스카드

존재한다면 어떻게 될까요?

TV 뉴스나 프로그램도 마찬가지예요. 프로그램의 성과를 대표하는 기자와 PD의 역할이 중요하지만, 그것을 만들어내는 수많은 사람이 있어요. 우리 영상기자들은 카메라 뒤에서 현장을 바라보고, 마이크를 들고 서 있는 우리의 동료들을 더 돋보이게 하고, 내가 취재하는 취재원과 피사체가 잘 보이면 좋겠다고 생각해요. 매 순간 고민하죠.

영상기자들이 카메라의 물리적 무게에 대한 질문이 아니라 카메라에 좋은 영상을 담아내기 위한 직업적 무게에 대한 질문을 더 많이 받을 수 있는 사회가 되면 좋겠습니다.

좋은 영상을 찍기 위한 훈련이 있나요

[편] 좋은 영상을 찍기 위한 훈련이 있나요?

[나] 우리가 말과 글을 배울 때 많이 말하고, 따라 하고, 써보면 실력이 빨리 느는 것처럼 영상도 인간의 언어이기 때문에 무조건 많이 찍어보고, 편집해 보는 언어 습득의 과정을 거칠 수밖에 없어요.

동영상이나 사진을 많이 찍어서 내가 표현하고 싶은 주제를 이미지로 만드는 연습을 많이 해봐야 합니다. 영상기자가 찍은 영상은 자기만 보고 이해하기 위해 남기는 기록이 아니니까요.

촬영은 현장에서 일어나는 현실의 순간을 내 관점에서 분석해 의미를 가진 영상 언어로 다시 탄생시키는 거예요. 예를 들어 행동 하나를 다섯 컷으로 나누어 촬영한다는 건 시간과 그 속에 존재하는 일이나 행동, 사건을 해체하고 자기 생각으로 분석해서 의미 있게 조립하는 것과 같아요. 이런 해체와 조립의 묶음들이 모여 하나의 주제를 갖는 완성된 영상이 만들어져요. 이 원리를 이해하기 위해서는 많은 촬영과 편집을 직접 해봐야죠. 당장 촬영과 편집이 어렵게 느껴진다면 TV나 광고, 영화 등 이미 만들어진 영상들을 보면서 그것들이 어떻게 해체되고 조합되어 메시지를 갖는지, 어떻게 하나의 커다란 완성된 영상으로 만들어졌는지 분석해 보는 것은 좋은 훈련이 됩니다.

예전에 선배들이 극단적으로 시켰던 훈련 하나가 있어요. 극장에 가서 영화를 본 다음에 그 영화의 한 컷 한 컷을 떠올리며 그리는 거죠. 상황의 변화, 샷의 변화, 카메라의 위치가 어떻게 바뀌는지를 제대로 알 수 있게 해 주는 훈련이었어요. 신입사원 교육 때 뉴스 아이템 분석을 시켜요. 내용 분석, 영상 분석, 타사와의 비교 등을 하죠. 이 훈련을 반복하면 좋은 영상을 만드는 데 큰 도움이 돼요.

편집이란 무엇인가요

편 편집이란 무엇인가요?

나 편집이란 촬영한 영상들을 서로 연결해서 완벽한 이야기와 의미가 있도록 나열하는 작업을 말합니다. 촬영 원본을 나열해서 불필요한 것들을 골라내고, 꼭 필요한 요소들을 모아 부드럽게 연결하는 게 편집의 일반적인 의미예요.

하지만 촬영할 때 이미 1차 편집이 이루어져요. 무엇을 찍을지, 어떤 순서로 찍을지 계산한 상태에서 촬영하기 때문이죠. 이렇게 촬영이라는 1차 편집을 통해 얻은 영상을 갖고 내가 전하고 싶은 메시지로 일관된 한 묶음의 영상물을 만들어 내는 작업이 영상 편집입니다.

1+2+3=6이라는 수학적이고 논리적인 결과를 만들 수도 있고, 1+2+3=100이라는 전혀 새롭고 화학적 결과를 만들어 낼 수도 있습니다.

A와 B가 순차적으로 연결되어 C로 넘어가는 순서적인 연결로 이야기를 만들 수도 있고, 순차적 연관성이 없는 요소를 결합해 연관성을 갖게 만들거나 전혀 다른 의미로 탄생시킬 수도 있어요.

편 촬영한 영상이 편집을 통해 아예 다른 영상으로 나올 수도 있겠네요?

나 어느 방송사의 고발 프로그램에서 강원도 국도변의 찐빵집 소녀가 가게 주인으로부터 학대당하며 일하는 내용이 방송됐는데, 조작되었다는 것이 밝혀져 큰 문제가 됐어요. 소녀가 주인에게 정신적 육체적으로 학대받아 하루에도 여러 차례 주인에게 굽실거리는 장면이 나오는데, 이 장면은 한 번 등을 굽실한 장면을 여러 차례 반복 편집해 그런 의미가 있도록 만들었어요. 또 소녀가 제작진의 질문을 피하는 장면이 있는데 나중에 알고 보니 소녀가 주차장의 손님에게 아이스커피를 주고 오는 장면을 편집해서 부정적인 의미가 있는 새로운 장면을 탄생시켰죠. 이렇게 조작된 편집을 사용한 보도 때문에 강원도 국도변에서 장사를 잘하시던 찐빵집 주인들은 임금착취, 상습폭행, 감금한 사람들로 낙인찍혔고 억울하게 구속되는 고통을 받기도 했습니다.

http://www.mediatoday.co.kr/?mod=news&act=articleView&idx no=144534
'찐빵소녀' 조작방송, 그 후 10년 (2018. 9. 16)

영상취재, 보도와 관련한 윤리적 가이드라인을 제시한
〈영상보도가이드라인〉 초판본

뉴스와 시사 프로그램의 경우, 촬영 당시의 의도가 편집의 단계를 거쳐 완제품으로 나올 때까지 의미가 왜곡되지 않도록 큰 노력을 합니다.

그래서 영상 편집을 전문으로 하는 부서가 생겼어요. 영상기자가 뉴스의 결과물을 보고 후회하지 않으려면 편집자에게 자신이 취재한 의도와 현장의 상황 등을 잘 설명하고 긴밀히 소통해야 합니다.

결국 좋은 뉴스는 촬영 현장은 물론이고 마지막 편집까지 제대로 된 분업과 협업이 이루어졌을 때 탄생합니다.

최신 영상취재 장비를 익히는 과정은 어떻게 되나요

편 최신 영상취재 장비를 사고 사용법을 익히는 과정은 어떻게 되나요?

나 예전에는 장비 회사에서 새로운 장비나 기술이 개발되면 방송사에 사용해보라고 제안을 했어요. "이런 카메라가 개발됐는데 이걸 쓰면 훨씬 더 화질이 좋고 이런 장점이 있습니다."

하지만 최근에는 인터넷을 통해서 굉장히 다양한 정보를 얻을 수 있기 때문에 사용자인 영상기자들 쪽에서 장비를 먼저 살펴보고 선택을 하는 방향으로 변화하고 있습니다.

요새 영상기자들은 전 세계의 방송 장비 사이트를 뒤지고, 외국 영상기자들이나 영상교육 기관의 블로그, SNS 계정을 검색해 장비와 관련된 정보들을 찾고 공유합니다. 어떤 영상을 보다가 특이한 것들이 있으면 제작사에 직접 연락해서 사용된 장비들을 알아보기도 해요. 이렇게 우리가 먼저 써보고 싶은 장비들을 찾아보고, 그 샘플을 사용한 뒤에 꼭 필요한 장비를 결정한 다음 회사에 구매가 필요하다는 제안을 하는 경우가 많습니다.

드론의 예를 들면, 취재용 드론을 회사에서 먼저 도입한 게 아니에요. 휴일 스케치, 사건, 사고, 재해 현장에서 항공촬영의 활용도가 높습니다. 하지만 헬리콥터의 시점은 너무 높아서 좀 더 현장과 가까운 높이에서 전체의 상황을 보여줄 수 있는 부감이 필요하다는 의견이 많았어요. 또 공항에서 이륙하고 현장까지 오는 데 걸리는 시간, 헬기 취재하는 영상기자와 현장 영상기자 사이의 소통이 불편한 경우가 많아, 이를 극복할 방법을 찾는 중 드론을 이용한 촬영기술을 알게 된 거죠. 이런 영상기자들의 필요에 의해 회사에 드론 도입을 제안했고, 결국 도입해서 많은 성과가 났죠. 이제 드론은 모든 방송사에서 너나 할 것 없이 필수장비의 하나로 사용하고 있습니다.

📄 이렇게 새로운 장비가 도입되면, 그 사용법을 익히는데, 얼마나 걸리나요?

🟦 장비 사용법뿐만 아니라 그 장비를 통해 활용할 수 있는 다양한 기법을 익혀야 해요. 새로운 장비로 다양한 시도를 하면서 새로운 영상촬영기법을 만들어내는 게 가장 이상적이죠. 새로운 장비가 도입되면, 보통 2~3일 정도 영상기자들을 모아 장비의 작동법을 연습하는 시연회를 해요. 그리고 같이 현

장에 나가서 장비를 사용하고, 새로운 장비를 취재에 사용하고 싶으면 장비 배정을 받아 혼자 갖고 나가서 좌충우돌해보는 거죠. 그러면서 고수가 되고요. 어떤 장비도 연습 없이 바로 고수가 될 수도 없어요. 그리고 항상 기본은 카메라예요. 아무리 훌륭한 특수 장비가 있어도 그 장비로 영상을 다 만들

국회 취재 모습

순 없거든요. 기본적인 영상취재를 제대로 해놓은 상태에서 내가 어떤 걸 좀 더 강조하고 싶을 때 최신 장비들을 취사 선택해서 필요한 영상을 만들어 내는 거죠.

세월호 참사 당일 급하게 단원고에 설치된
방송사들의 생중계 세트들

새로운 카메라는 어떻게 도입하나요

🔲 영상기자들이 사용하는 카메라는 상당히 고가라고 들었어요. 요새 기술발전 속도가 빨라서 새로운 장비들을 고르고 도입하는 데 많은 고민이 될 것 같아요. 어떻게 도입하나요?

🔲 디지털시대로 넘어오면서 기술변화도 빠르고, 장비회사의 기술력도 비슷해지면서 선택권이 넓어졌어요. 또 방송사도 많아지고 경쟁이 치열하다 보니 무조건 고가의 방송 장비가 제일 좋다는 생각은 사라지고 있고요. 다양한 제조사들의 카메라와 액세서리 기능, 경제성을 비교해서 자기 회사에 필요한 장비를 결정해 사용하고 있어요.

하지만 10년 전만 해도 상황이 달랐어요. 당시 전 세계의 카메라 시장을 일본의 A사가 장악하고 있었죠. 그 회사에서 신제품을 출시해 방송사에 소개하면 대부분의 방송사는 그 제품의 품질이 향상되었다고 믿고 사서 쓰는 게 관행이었죠. 가격도 A사가 제시하는 대로 방송사들이 지급했어요.

2000년대 초반, 방송 장비 디지털화에 대한 논의가 한창일 때 제가 근무하는 MBC 내에 영상기자들이 〈보도영상연구회〉라는 모임을 만들어 한 달에 한 번씩 공부했어요. 연구회에

서 순수한 마음으로 A사에 디지털 ENG 카메라에 대한 설명
회를 요청했죠. 우리는 당시 A사가 SD급 디지털카메라로 두
종류를 출시했다고 알고 있었어요. 두 카메라의 화질을 비교
하고 싶어서 설명회를 요청한 건데, A사는 자신들이 뉴스 취
재용으로 만든 카메라만 설명할 테니, 그냥 그 제품을 쓰라는
거예요. 말이 안 되죠.

뉴스용으로 개발한 카메라가 아무리 좋다고 해도, 카메
라를 1년 365일 실제 사용할 사람은 뉴스 카메라와 다큐멘터
리·드라마용 카메라에 어떤 차이가 있고, 각각의 장단점은
무엇인지 알아볼 수 있잖아요.

뉴스 영상을 다큐멘터리나 드라마에도 사용할 수 있는데
서로 다른 카메라로 찍을 경우, 이 영상들을 다시 복사하기 위
한 별도의 장비를 사야 된대요. 다큐멘터리·드라마용 카메라
를 뉴스용으로 사용하거나 뉴스용을 다큐멘터리·드라마용으
로 사용하면 이런 불편과 중복투자를 막을 수 있을 텐데 A사
는 성의 없는 태도로 시연회를 진행했어요. 결국 장비는 A사
의 주장대로 도입됐어요.

이런 나쁜 경험 때문에 HD 장비를 사는 과정에서 영상기
자들이 여러 회사의 장비를 비교하고 기능과 경제성을 따져

1999년 5월 인도네시아 사태 당시
자카르타의 군인 장갑차 앞에서(위), 현지 코디와 함께(아래)

자기 회사에 맞는 장비를 사는 변화가 일어났습니다. MBC는 HD 디지털카메라를 도입하기 전에 여러 장비 회사들의 카메라를 비교했고, A사가 일방적으로 제시한 옵티컬디스크 방식의 저장매체를 사용하는 카메라보다 메모리카드 방식을 사용하는 B사의 카메라가 더 효율적이고 경제성을 가진다고 판단해 이를 비교하는 현장 테스트를 진행했습니다. 그리고 국내 방송사 최초로 B사의 장비를 도입했어요.

그 결과 때문에 A사는 큰 충격을 받았다고 하더라고요. 국내 메이저 방송사인 MBC 장비의 변화는 전체 방송 카메라 시장에 영향을 미쳤고 결국 한국은 물론이고 전 세계 방송 카메라 시장의 급격한 재편을 가져왔어요. 그때 우리 영상기자들이 눈으로 새로운 장비를 살펴보고 우리 손으로 효율적이고 경제성 있는 카메라를 결정해 보자는 행동을 하지 않았다면 이런 변화가 가능했을까요?

편 멋진 일을 하셨어요. 통쾌합니다.

취재하고 나서 가장 뿌듯했던 적은 언제예요

📱 취재하고 나서 가장 뿌듯했던 적은 언제예요?

📱 고생을 많이 한 취재일수록 그 결과물을 바라보는 마음이 뿌듯해요. 또 내가 만든 결과물들을 공유하고, 누군가 공감하고 있다는 사실이 행복하죠. 그런 희열 때문에 방송 일을 하는 것 같아요. 입사 4~5년 차 시절 때는 라디오 프로그램의 진행자들이 전날 방송한 내용을 언급하는 경우가 많았어요. 제가 취재한 내용이 라디오에서 언급되면 너무 좋았죠. 현장에서 고생하고 편집실에서 끙끙대며 힘들었던 마음이 싹 사라졌어요.

예전에 유명한 산부인과 병원에서 신생아실을 촬영한 적이 있어요. 신생아실에 누워 있는 아기들, 그걸 바라보는 가족들의 모습을 찍어서 영상 뉴스를 만들었는데 회사로 전화가 왔어요. 자신이 되게 힘들게 아이를 낳았는데 그 영상을 보고 너무 기뻤대요. 기념으로 보관할 수 없냐고 하셔서 복사해 보내드렸어요. 그런 피드백이 오면 내가 찍은 영상이 누군가를 행복하게 만들었다는 생각에 뿌듯함을 느낍니다.

또 영상기자로서의 빼놓을 수 없는 게 특종인 것 같아요. 특종에 대한 욕망은 영상기자 누구나 갖고 있어요. 특종은 제일 먼저 큰 뉴스를 취재해 보도했다는 자부심도 느끼게 하지만, 내가 내디딘 한 걸음이 세상이 일보 전진하는 계기가 됐다는 이 직업의 의미를 깊게 해요.

세계사를 돌아보면 영상 한 컷이 세상을 변화시키는 시작점이 된 경우가 많아요. 제 인생에도 그런 특종이 있었는데 바로 홍제동 화재 참사 보도입니다.

2001년 3월 4일 홍제동의 한 주택에서 정신질환을 앓던 주인집 남자가 화재를 일으켰어요. 새벽에 일어난 화재로 건물이 무너졌고, 화재를 진압하다가 6명의 소방관이 순직, 3명의 소방관이 크게 다쳤어요.

야근 중에 화재에 대한 제보 전화를 받고 후배 영상기자와 현장에 도착해 보니 무너진 주택의 잔해 속에서 소방관들이 주민들과 동료들을 구출하느라 정신이 없었습니다. 마지막 숨을 몰아쉬는 동료의 이름을 애타게 부르면서 들 것을 쥐고 동료를 구급차로 옮기며 검은 눈물을 쏟아내던 소방관들의 모습에 큰 충격을 받았어요. 매우 큰 사고였는데 일요일 새벽이어서 그랬는지 타사 기자들은 현장에 보이질 않았어요. 단순한 사건·사고로 짧게 보도하기에는 피해가 큰 것 같아 뉴스 밴을 부르고, 데스크에 보고했죠. 급하게 뉴스로 준비되어 아침 뉴스의 1보, 2보가 현장 생중계로 단독보도 되었어요. 우리 뉴스를 보고 나서야 사고 소식을 알게 된 다른 방송사와 언론사들이 현장으로 급하게 몰려들었습니다.

퇴근 시간을 훌쩍 넘겨 정오가 넘어선 시간에 취재를 마치고 귀가했는데, 일어나 보니 9시 뉴스데스크는 물론이고 모든 방송사의 메인뉴스가 이 소식으로 채워져 있었습니다.

이 사건 보도 이후에 소방관 업무의 위험성과 처우 개선 문제가 큰 쟁점이 되었어요. 당시 소방복이 방화, 방염 기능이

1997년 남북 밀가루 회담 취재 당시 두만강 중국 측에서

없는 10만 원짜리 유니폼에 불과하고, 각종 국가 예산 집행의 우선순위에 밀려서 소방장비들도 화재 진압에 제대로 사용할 수 없는 것들이 많다는 후속보도가 이어졌어요. 또한 시민과 사회의 안전을 위해 목숨을 바쳐 일하고 있음에도 불구하고 국가가 소방관들의 부상과 재활을 제대로 지원해 주지 않는 현실들이 주목받았죠. 그 이후에 소방 안전청이 신설되었어요. 그리고 참사가 난 지 16년이 지난 문재인 정부 첫해에 소방직 공무원이 국가직으로 격상되었어요. 하나의 커다란 성

1997년 남북 밀가루 회담 취재 당시 함께 간 취재팀과(뒤편이 북한)

과물을 만드는 데 오랜 시간이 걸렸지만, 저의 보도가 그 시발이 되었다는 게 정말 뿌듯해요.

편 언론의 사명은 크다고 생각합니다. 사실과 진실의 차이가 분명히 있고, 이 세상을 바꾸는 것은 진실을 찾아내려는 사람들의 노력과 지혜인 것 같아요. 기자님의 홍제동 화재 참사 보도에 큰 감사함을 느낍니다.

나 화재와 인연이 많은지 용산 참사 사건 당시에는 제가 야근 데스크를 맡게 됐어요. 용산 남일당 건물 주변에 대한 강제철거 작전이 새벽에 예정되었다는 정보를 듣고 상황이 심각해질 수 있다고 생각해서 현장에 후배 한 명을 밤샘 대기 시키고 이상 징후가 보이면 연락하라고 했어요. 만약 심야에 철거 작전이 시작되면 사회팀 영상기자들이 비상 출근해서 취재하도록 대기를 시켰죠.

실제로 새벽에 경찰 진압이 시작되면서 일사불란하게 보도를 했어요. 그때 MBC에서 많은 영상 특종이 나왔어요. 남일당 건물 안에서 농성 중인 사람이 창문에 매달렸다가 떨어지는 비극적인 장면을 후배가 취재했어요. 경찰의 무리한 대간첩 작전식의 진압장면을 고스란히 영상으로 담아 보도했죠.

이 보도로 우리 사회의 재개발 방식과 재개발 현장에서 민간용역업체와 경찰이 함께 원주민이나 세입자를 폭력적으로 몰아내는 철거폭력에 사회적 관심이 집중되었어요. 제가 특종을 찍은 건 아니지만 보도 환경을 조성하고 현장의 후배들과 소통한 결과가 세상에 큰 화두를 던지는 특종으로 나온 걸 생각하면 마음이 뿌듯합니다.

청와대 출입 기자 시절의 에피소드를 들려주세요

편 청와대 출입하신 적도 있나요?

나 제가 2000년부터 1년 6개월 정도 사원급 영상기자로 청와대에 출입했어요. 영상기자들은 청와대에 1진 부장급, 2진 차장급, 3진 사원급 3명이 출입을 해요. 대학 때 정치학을 전공했는데, 교과서나 뉴스 기사, 논문으로만 접하던 정치 현상과 변화를 현장에서 눈으로 본다는 게 신기하고 재밌었어요.

제가 청와대에 출입했던 때는 2000년 1차 남북정상회담이 막 끝난 때라 남북이슈도 많았고, 당시 김대중 대통령이 노벨평화상을 받는 현장도 한국 영상기자 대표로 들어가 촬영하게 되었어요.

하지만 잘 풀릴 것 같던 남북관계가 미국 대선에서 부시 대통령이 당선되는 바람에 급격하게 경색되었어요. 부시 대통령이 취임 이후 첫 의회 연설을 하던 날 기자실에서 생중계 뉴스를 보는데, 북한을 악의 축으로 규정하는 발언이 나오면서 기자실에 있던 모든 사람들이 깜짝 놀라며 당장 남북관계를 걱정하던 일이 생각납니다. 그로부터 얼마 지나지 않아 부시 대통령이 한국을 방문했고 그를 취재하게 됐죠. 당시 김대

중 대통령은 인권과 민주주의, 평화의 진전에 공헌한 평생의 노력을 인정받아 노벨 평화상을 받고 세계 여러 나라 지도자들의 존경을 받던 세계적 지도자였어요. 하지만 한미 정상 회담을 하면서 느낀 미국 대통령의 태도는 너무 무례했어요. 저만 그렇게 느낀 게 아니라 미 언론들도 노벨상 수상자이면서 민주주의의 수호에 큰 업적을 남긴 김대중 대통령을 무례하게 대우한 것은 미국 대통령의 격에 맞지 않는다고 모두가 비판했죠.

당시 청와대에서 한미정상회담을 마치고 부시 대통령이 휴전선을 방문하기 위해 자리를 뜨던 상황에서 목격한 장면은 지금도 아련한 기억으로 생생하게 남아 있습니다.

모든 회담이 끝나고 청와대를 떠나려는 부시 대통령을 70대 노구의 우리 대통령이 뒤따라가 붙잡았어요. 아마도 한국이 처한 상황, 남북평화의 중요성, 북한의 핵 개발 문제 등에 관해서 이야기하는 것 같은데, 한국 대통령의 표정이 너무 간절해 보였어요. 그런데 한참 어린 부시 대통령은 듣는 둥 마는 둥 하는 건성의 태도였죠. 그걸 옆에서 보는 데 힘없는 국가의 외교적 설움이 몸으로 느껴졌어요.

요즘 문재인 대통령이 트럼프 대통령과 회담을 하고, 북한 정상과 만나는 장면을 저도 TV를 통해 지켜볼 때면 제가 청와대 출입을 할 때의 경험들을 떠올려요. 지금의 청와대 영상기자들도 뉴스 영상으로는 다 이야기하지 못한 마음속의 A컷들이 있을 겁니다.

편 지금은 영면하신 김대중 대통령과 미국 대통령의 일화는 정말 슬픈 장면이네요. 지금은 우리나라의 외교적 위상이 달라지지 않았나요?

나 저도 해외 취재를 몇 년 동안 못 나가서 잘 모르겠지만 우리 대통령의 해외 방문 때, 자발적으로 많은 현지 교민들이 나와서 우리 대통령을 환호하고, 해외 지도자들과 우리 대통령이 격의 없이 대화하고 공동행사를 치르는 장면을 보면 우리나라의 외교적 위상이 커졌다는 생각이 듭니다. 우리의 기업들이 세계시장에서 인정받고 있고, 경제적 부분만이 아니라 문화적인 분야에서도 위상이 올라간 만큼, 우리의 자주적인 외교역량과 위상도 커진 것은 당연하겠죠.

1996년 김영삼 대통령 남미순방 당시
외곽취재팀 출장 중 페루에서

이 직업을 잘 표현한 작품이 있을까요

편 이 직업을 잘 표현한 작품이 있을까요?

나 2014년 말에 인기가 있었던 〈피노키오〉라는 드라마에서 이종석, 박신혜 씨가 YGN이라고 하는 방송사의 기자로 나왔는데, 주인공들과 취재 현장에서 생사고락을 함께 하는 영상기자 조연들이 나왔어요. 또 〈대물〉이라는 드라마도 있어요. 주인공은 남편이 방송사 영상기자로 아프카니스탄에 취재를 하러 갔다가 인질로 잡혀서 살해되는데, 이 과정에서 국가의 무능과 정치의 문제를 주인공이 깨닫고 현실을 바꾸는 노력을 하면서 대통령까지 된다는 내용입니다. 여기에서 평범한 여성을 자각시키고 변화시키는 매개체로서 영상기자인 남편의 죽음이 사용됐어요.

미국에서 TV가 처음 등장해 대중의 관심과 인기를 끌면서 거대한 영화 자본과 영화사들이 휘청거리던 시기가 있었어요. 새롭게 등장한 TV에 대한 반감이 영화에 작용하면서, 1980년대까지 미국 영화에 등장하는 영상기자의 모습은 바보스럽거나 우스꽝스러운 경우가 대부분이에요. 하지만 80년대 이후 영상기자는 현장의 목격자이자 행동가로서 그려지는 경우가 많았습니다. 1983년에 미국 NBC에서 만든 ⟨V⟩ 라는 드라마가 있어요. 외계점령군과 싸우는 주인공 도너반의 직업이 영상기자예요. 어느 날 지구에 외계인들이 찾아와 지구인들과 교류를 해요. 착하고 멋있는 외계인들의 행동에 많은 지구인이 호감을 느끼죠. 그들의 우주선과 대표를 취재하기 위해 우주선에 올랐던 주인공이 외계인들이 쥐를 먹는 파충류라는 진실을 카메라로 촬영하게 됩니다. 그리고 그들의 지구침공 계획에 맞서 지구 저항군을 만들어 싸우는 내용이죠. 어릴 때는 도너반이 영상기자인 걸 몰랐는데, 영상기자로 입사해 인터넷 검색을 해보다가 그의 직업이 영상기자란 걸 알고 깜짝 놀랐어요.

10년 전 일본 후지TV 드라마 중에 ⟨미녀 혹은 야수⟩라는 작품이 있는데 그 주인공이 예능 PD를 하다가 방송사고로 징계를 받고 보도국으로 전출되어온 사람이에요. 이 사람의 관점에서 보도국의 여러 부서에서 일어나는 일들을 다양하고 재미있게 풀어나갔어요. 영상기자의 이야기도 나오는데 평생 아무도 관심을 두지 않는 환경문제에 관심을 두고 꾸준히 현장을 기록해 온 한 영상기자의 이야기예요. 자연보전 지역에 개발의 이슈가 등장하면서 주민들은 보호종인 희귀 새가 이 지역에 산다고 주장하고, 개발사는 그런 새가 없다고 주장하면서 큰 갈등이 일어납니다. 대부분의 방송사가 일방적으로 기업의 입장을 옹호하는데 이 영상기자가 자신이 기록해온 희귀 보호 새의 영상을 찾아 뉴스에 보도하면서 이 문제는 새로운 전환점을 갖게 돼요.

이 드라마는 영상기자들이 기록하는 한 장면 한 장면. 현장의 숨은 한 컷이 어느 순간에는 세상을 바꾸는 한 커트가 될 수 있다는 걸 보여줬어요. 그리고 방송사와 뉴스, 시청자들은 그런 사람들의 노력을 이해하고 인정해야 한다는 메시지가 들어 있습니다.

편 좋은 작품을 소개해 주셔서 감사합니다.

국회의장 군부대 방문

취재를 준비중인 영상기자들, 취재가 끝나면 현장에서는
영상송출을 위해 또다른 전쟁이 벌어진다

영상기자가 되는 방법을 알려 주세요

편 영상기자가 되는 방법을 알려 주세요.

나 제가 입사할 때는 공중파 방송사의 영상기자가 되려면, 공채시험을 통과하는 방법밖에는 없었어요. 공중파 방송사들이 영어 공인점수, 상식, 논술 등의 공채시험을 보다 보니 영상 쪽 진로를 고민하는 사람들이 시험 준비도 어렵고 뽑는 인원도 많지 않다며 공채 준비에 머뭇거립니다. 하지만, 공채시험이 옛날처럼 필기시험 위주가 아니라 그 사람의 경력이나 자질, 인성을 두루 살펴보는 방향으로 변화하고 있습니다. 지역 방송사나 케이블 방송사에서 근무한 경력이 있으면 공채 전형의 필기시험을 면제해주는 방송사도 있습니다.

2000년대 이후, 지역 방송사, 케이블 방송사, 종합편성 채널 등이 계속 성장하면서 영상기자의 숫자도 많이 늘었어요. 채용방법도 다양해지고요.

한 방송사에서 인생 전부를 영상기자로 보내는 것이 아니라, 자신의 계발을 위해 경력을 쌓아 다른 방송사의 영상기자로 옮기는 일도 많습니다. 영상기자가 되기 위해 가장 중요한 것은 "내가 이것을 꼭 한 번 해봐야겠다!"라는 마음을 갖는 거예요.

공채 시험 과정은 어떻게 되나요?

편 공채 시험 과목이 어떻게 되나요? 방송사 내에서 직종별로 시험 과목이 다른가요?

나 공중파 방송사 공채의 경우, 시험, 면접, 심사 최종발표까지 걸리는 시간이 길어요. 그래서 원서접수부터 발표까지 전체 전형 과정이 2~3개월 걸리기도 합니다. 1차 상식시험 문제는 전 직종 공통문제를 보는 경우가 많아요. 논술은 직종별 특성과 전문성을 가진 견해를 묻는 문제가 출제됩니다. 최근에는 영상기자와 취재기자의 상식, 논술 문제가 공통으로 출제되는 경향을 보여요.

1차 필기시험에 합격하면 직종별로 실무 면접을 봐요. 실무 면접은 연수원 등에 모여 온종일 집단토론, 조별토론을 하는 형식입니다. 지난 몇 년간 있었던 실무면접을 보면 아침부터 저녁까지 세 번의 조별토론, 한 번의 직종별 전체토론을 했습니다. 다양한 주제를 바꿔 가면서 면접관이 질문하거나 일정 시간 동안 특정 상황에 대한 자기 생각을 논술하거나 촬영 대본으로 작성해 그것들을 설명하는 방식이 많습니다. 그러다 보니 미리 준비한 시험용 논평이나 교과서적인 대답보다는 평소 이 사람의 가치관을 들여다보고, 순발력 등을 살피는 테스트가 되고 있습니다. 여기에서 합격하면 부장급 데스크들이 참여하는 면접을 치르고, 이를 통과한 사람들이 최종 임원 면접에 합격하면 영상기자가 됩니다.

편 카메라 촬영 테스트는 안 하나요?

나 제가 입사할 때는 카메라 테스트가 있었는데 2000년대에 많은 영상기자들이 공채시험의 촬영 테스트가 실무 능력과는 상관없다는 의견들을 내서 결국 없어졌어요. 카메라는 취재를 위한 도구에 지나지 않아요. 도구는 많이 다룰수록 잘 다룰 수밖에 없고요. 카메라를 잘 다루는 사람이 영상기자로 들어온다고 해도 다양한 취재 경험을 가진 영상기자 선배들을 만족하게 하는 영상을 취재해 오는 건 거의 불가능합니다.

결국 처음부터 훈련해야 하고, 그들이 현장에서 다양한 상황을 겪어가며 영상기자의 정체성과 능력을 스스로 키워낼 때, 비로소 취재현장에서 자신의 방송사를 대표하는 한 사람의 영상기자가 될 수 있거든요.

또한 방송사마다 그 방송사의 영상기자들이 갖는 영상적 특징이 있어요. 주관적 견해를 말한다면, KBS는 안정적인

1995년 11월 MBC 신입사원 연수 (위)
연수 당시 조원들과 방송시설 견학 중 (아래)

구도와 카메라의 객관적 관찰자 관점을 중시하는 것 같아요. MBC는 '카메라출동'이나 '데스크 영상'과 같은 과거 영상기자 프로그램의 제작 전통이 있어서인지 영상의 역동성, 움직임, 영상 속에 촬영자의 현장 개입자로서의 관점이 표현되는 경우가 종종 있어요. SBS는 딱 그 중간을 추구하는 것 같고, YTN의 경우는 개국 당시 KBS 출신들이 많이 이동해서인지, KBS 영상의 분위기가 느껴집니다.

이렇게 회사별 영상의 차이가 존재하기 때문에 신입사원으로 들어오면 자신의 회사가 추구하는 영상의 특성에 맞춰 변화할 수밖에 없어요.

그래서 영상기자 공채에서 카메라 실기보다는 영상을 구성하고 서사 구조를 만드는 능력을 가려내는 테스트가 중요해지고 있습니다.

학과 전공, 장비 사용 여부가 상관없나요

📱 영상기자가 되려면 어떤 전공을 공부하는 게 유리한가요?

📱 처음 TV 방송이 출범하고, 영상기자가 생겨날 때는 영화계에 있던 카메라 감독이나 뉴스 영화를 취재하던 영상기자들이 TV 영상기자로 활약했어요. 1970년대 중반부터 본격적인 영상기자 공채가 시작되면서 카메라를 다룰 줄 알거나, 영상 기초를 배운 연극영화과, 사진학과 출신들이 영상기자가 되는데 유리했지요. 하지만 1980년대에 들어 대학에 신문방송학과가 생기고, 영화와 사진기술이 사회 저변에 확대되면서 특정 전공에 상관없이 다양한 전공을 한 사람들이 영상기자로 입사하고 있습니다.

📱 장비를 다루는 직업인데, 기계에 대한 이해가 없어도 된다는 게 신기하네요.

📱 공과, 이과 전공자들은 방송 장비에 대한 전자적, 기계적 지식을 갖추고 있어요. 문과대나 예술대 출신들은 현장을 바라보는 미적 분석력과 표현력이 뛰어난 경우가 많고요. 저같이 정치외교학이나 사회과학 분야를 전공한 사람들은 대학 때

민주당 2018 당 대표자 선거 취재 모습

배운 사회현상과 관련한 내용을 직접 경험해 보는 재미를 느끼죠. 제 입사 동기들만 봐도 물리학과, 신문방송학과, 경영학과, 해양학과 등 영화, 영상과는 상관없는 분야를 전공한 사람들이 전부입니다.

IT 통신기술이 빠른 속도로 발전하는 시대에 과거의 TV 뉴스에만 매달릴 수 없어요. 정통 뉴스보다 MBC의 엠빅뉴스, YTN 돌발영상, SBS의 비디오 머그 등에 올린 뉴스에 사람들이 더 많은 관심을 가져요. 더 새롭고 참신한 뉴스를 만들기 위해 다양한 전공과 능력을 갖춘 영상기자들이 함께 해 새로운 영상뉴스를 만들어나가는 게 좋다고 생각합니다.

학창시절에 중요하다고 생각하는 과목이 있나요

📕 학창시절에 중요하다고 생각하는 과목이 있나요?

📗 만약에 영상기자가 되고 싶다면 역사, 사회, 미술, 음악까지 다양하게 골고루 관심 두고 공부하면 좋겠어요. 이 말씀이 시험을 잘 보라는 말씀이 아닙니다. 세상의 다양한 것들, 새롭게 접하는 것들에 관심을 두고 관찰할 수 있어야 해요. 관찰하려면 기본 지식과 소양이 필요하고요.

또 하나! 외국어를 잘하면 좋겠어요. 영어를 잘하면 최신 영상 트렌드나 영상 장비의 개발 정보를 수시로 검색해 볼 수 있으니 좋아요. 영상기자가 돼서 해외 취재를 나갈 경우가 많은데 다른 나라의 영상기자나 취재원들과 교류하면 자기 생각과 지식의 폭도 넓어지고 어려운 상황이 닥쳤을 때 도움을 받기도 쉽겠죠.

저는 대학 시절 일본어를 공부했는데, 1997년 괌에서 발생한 대한항공 여객기 추락사고의 취재 때, 많은 도움이 됐어요. 당시 언론사 기자들을 태운 특별기가 운영 됐는데 공항 수화물 처리 단계에서 문제가 생겨 MBC 영상기자들의 짐이 대부분 미국행 비행기에 못 실리게 됩니다. 그러다 보니 기내에 갖고 탄 장비만으로 처음 이틀을 취재했어요. 대한항공기가 추락한 장소가 한눈에 보이는 장소에서 각국의 방송사들이 카메라를 뻗쳐 놓고 수색상황을 찍는데 우리는 망원렌즈가 미국에 가 있으니 일반 렌즈 카메라로 찍어야 했어요. 그러다가 괌에 들어오는 미국 항공사고 조사국 사람들을 취재하기 위해 공항에서 기다리고 있는데 우연히 옆에 있는 AP통신의 영상기자와 이야기했죠. 이 분이 동양계 미국인인 줄 알았는데 도쿄지국에서 왔다고 하더라고요. 무슨 용기가 생겼는지 더듬더듬 일본어로 대화했고, 우리 장비들이 미국에 가 있어서 현장에서 이런 어려움이 있다는 얘기를 했어요. 그랬더니 이분이 취재 마지막에 카메라와 렌즈의 연결부위에 꽂아서 사용할 수 있는 익스텐더 렌즈extender lens를 빌려주더라고요. 덕분에 망원렌즈가 도착할 때까지 임시방편으로 사용할 수 있었어요.

요새 영상기자 후배들을 보면 외국어를 잘해서 외국에서 학위를 받아 오거나, 휴가 때 국제기구 자원봉사를 하러 가서 영상으로 기록하고 편집하는 일을 고민하기도 합니다. 어떤 후배는 재일교포와 난민의 문제를 다룬 다큐멘터리 영화의 제작을 고민하고 있고요.

마지막으로 영상기자가 되려는 사람은 자신의 시야를 넓

본격적인 취재를 앞두고 긴장감이 감도는 취재현장

영상편집실 풍경. 취재한 영상을 작성된 기사오디오, 자막이
어우러지게 편집해 우리가 보는 뉴스아이템이 완성된다.

혀서 자신이 담아내는 영상이 사람들의 보편적인 이해를 끌어내도록 노력해야죠. 자기만의 생각과 보편적인 공감대가 함께 공존하는 영상이 되도록 자기 생각을 고민하고 정리한 뒤, 마음속에 영상으로 그리는 연습을 많이 하면 좋겠어요.

'생각하면서 살지 않으면 사는 대로 생각한다'라는 말이 있잖아요. 생각하고 고민하는 연습을 하지 않으면 핵심과 본질은 지나치고 그냥 눈앞에 있는 것들만 찍게 됩니다. 내가 이해하지 못하고 찍은 영상은 남들이 제대로 이해하기 어렵고요.

영상을 찍고 제작하는 과정은 나의 개성과 대중의 보편성을 버무리는 작업이에요. 노력과 연습이 필요합니다. 내가 누구인지, 사람들이 내게 바라는 것은 무엇이고, 나는 무엇을 할 수 있는지, 내가 양보할 수 없는 것은 무엇인지 청소년 시절부터 생각하면 좋겠습니다.

방송사 시험에서 계속 탈락하면 어떻게 하죠

편 영상기자가 되고 싶은데 방송사 시험에서 계속 탈락하면 어떻게 하죠?

나 영상기자의 보조로 일하면서, 영상기자가 무엇을 하는지 경험하는 방법이 있어요. SNS 채널이나 인터넷 개인 채널을 만들어 경력을 쌓고 영상을 제작하는 기술을 연마할 수 있어요. 이런 실무경력을 쌓는 것도 도움이 됩니다.

하지만, 일정 기간 안에 공채로 입사하는 것이 목표라면, 영상기자가 되려는 사람들이 모인 스터디 그룹에서 정보를 교환하며 공채 준비를 하는 게 좋아요.

또, 한국영상기자협회(http://tvnews.or.kr), 한국언론진흥재단(www.kpf.or.kr)한국방송통신진흥원(https://www.kca.kr) 등의 기관에서 운영하는 다양한 실무연수 프로그램을 찾아보면 저렴한 비용으로 운영하는 연수 프로그램이 많습니다. 또 MBC 아카데미와 같은 방송사 산하단체가 운영하는 프로그램, 노동부 등의 연수를 대행하는 무료 프로그램들이 있는데 이 과정에 들어가 현업 종사자들을 직접 만나 강의를 듣고, 시험 준비를 하는 게 좋아요.

화천 산천어 축제 취재

방송사 공채가 경력 채용을 수용하는 추세예요. 케이블이나 지역의 작은 방송사에 들어가 업무를 시작하고 최종 목표를 공중파나 보도전문 채널에 입사하는 쪽으로 장기 계획을 잡는 것도 추천하고 싶은 방법입니다.

영상기자에게 중요한 역량은 무엇일까요

🔲 영상기자에게 중요한 역량은 무엇일까요?

🔳 아무래도 영상을 잘 찍는 능력이겠죠. 아름답고 멋있게 화면을 말하는 게 아니에요. 세상과 공감하는 능력, 같은 시대를 살아가는 사람들의 생각들을 이해하고 새로운 생각을 찾아내는 능력이 영상 속에 존재해야 합니다. 이런 능력이 있다면, 그 사람의 영상이 구도적으로 완벽하지 못하고, 표현적으로 거칠어도 시청자는 그 영상에 공감한다고 믿어요.

어떤 영상을 보면 그림은 참 예쁜데 보고 나면 뭔가 허전함이 남아요. 그런데 어떤 영상은 TV를 보는 순간, 마치 내가 저 현장에 있는 것처럼 거친 숨소리와 움직임, 감정까지 느껴지는 경우가 있어요.

그 차이가 무엇일까 궁금했죠. 단순한 공식으로 영상을 담아내느냐, 자신의 영상을 보는 사람들의 입장에 서서 몰입해 담아내느냐의 차이라는 걸 깨달았어요. 그 차이가 사람들의 감정에 영향을 미친다는 걸 알았습니다.

뉴스를 다루는 사람은 감각이 깨어있어야 해요. 그래야 누구나 공감할 수 있는 영상을 촬영할 수 있어요. 내 영상을 나만 이해한다거나 특정한 몇 명만 공감한다면 그건 보도영상이 될 수 없습니다. 영상기자 뿐만 아니라 방송 일을 하는 모든 사람들은 깨어 있는 감각을 가지기 위해 많은 노력을 기울여야 합니다.

2018년 2월 홍준표 대표를 언급한 MBN 인터넷판 기사를 두고,
자유한국당이 MBN 기자들의 당 출입을 정지시키자,
국회 정론관에서 이에 항의하는 MBN 기자와 장제원 자유한국당
대변인 간의 설전이 벌어졌다. 이를 취재하는 국회 출입 기자들

어떤 사람이 이 직업을 가지면 좋을까요

편 어떤 사람이 이 직업을 가지면 좋을까요?

나 TV 보는 걸 좋아하는 사람이요. 영상기자가 저널리즘의 영역이긴 하지만 카메라의 뷰파인더^{viewfinder}를 통해 바라보는 세상은 너무 재미있고 아름다워요. 뷰파인더 속의 세상에 관심을 두는 사람이면 될 것 같아요. 이게 제일 중요한 시작점이라고 생각해요. 학교 방송부, 사진 동아리, 영상 동아리 다 상관없어요. 영상을 좋아하는 사람은 영상기자가 될 자질이 있다고 봐야 합니다. 여기에 사회 현상이나 문제에 관해 관심을 가지면 더 좋겠죠.

편 출신 학교가 중요한가요?

나 아니에요. 우리가 갖는 편견 중에 방송사나 언론사에는 소위 우리 사회가 서열화한 대학 중 상위 몇 개 대학의 사람들이 전부 다니고 있을 거라는 생각이에요.

저도 입사 전에는 그런 것 때문에 많이 주눅 들고 걱정했어요. 하지만 입사해서 보니 다양한 대학을 나온 사람들이 자기 분야의 전문가로서 일하고 있었습니다. 각 방송사의 공채

1974년 광복절 기념식에서 대통령 부인 육영수 여사에 대한 피격사건을 중계하던 당시 TV 방송 화면

제도는 오래전부터 블라인드 채용을 하고 있어요. 우리가 경계해야 할 것은 방송사 내에 존재할지 모르는 출신학교에 따른 차별이 아니라 그걸 깨고 지원할 용기와 도전정신을 갖지 못하는 자기 자신의 한계입니다.

아카데미 수료가 도움이 될까요

편 아카데미 수료가 도움이 될까요?

나 아카데미를 다녀보고, 아카데미에서 강의도 해본 사람으로서 아카데미가 가진 좋은 점은 실제 방송현업에서 일하는 선배들의 강의를 직접 듣고, 현업을 이해할 기회를 가진다는 거예요. 또 이분들이 공채제도 이외에 방송사나 프로덕션의 다양한 취업 정보를 제공합니다. 또 오래된 아카데미는 아카데미 졸업생들을 취업시킨 노하우와 정보를 갖고 있습니다. 나와 같은 일, 같은 길을 가고자 희망하는 사람들과 다양한 시험, 취업 정보를 매일매일 교류할 수 있다는 점도 장점입니다.

저는 아카데미에서 함께 공부하고, 취업을 고민했던 동기들과 20년째 모임을 하고 있습니다. 방송 현업에 남은 사람도 있고, 다른 쪽으로 삶의 무대를 옮긴 동기들도 있지만, 함께 공부하고 고민했던 기억이 끈끈한 우정으로 남아 모임을 지속하게 만듭니다. 또 가끔 내 업무와 관련해 다른 방송사의 협조나 조언이 필요할 때가 있는데 여기저기 방송 현업에 근무하는 동기들이 있다는 것은 장점입니다.

하지만, 아카데미의 단점도 있어요. 아카데미의 운영시스템이 대학과 비슷하다 보니 입학해서 오리엔테이션하고, 기초부터 배우고 친해져 가는 과정에서 자칫하면 대학교 1학년 1학기를 반복하다 6개월 과정을 큰 성과 없이 보낼 수도 있습니다.

특히 촬영 실습이나 영상제작을 할 때 적극적으로 참여하지 않고, 촬영이나 편집에 열의를 갖는 사람의 주변에 머물다 보면, 제대로 된 촬영이나 편집의 기회를 얻지 못하고 수료하는 경우도 있습니다. 그래서 아카데미에 들어갈 생각이라면 자신의 적극성을 얼마나 발휘할 것인지, 여러 실습과 제작 활동에 얼마나 참여할 것인지 고민해야 합니다.

영상기자를 준비하고 싶은데 아카데미가 맞지 않는다면 방송사 공채시험을 준비하면서 한국영상기자협회나 한국언론진흥재단, 한국방송통신진흥협회 등에서 운영하는 현업 관련 실무연수 프로그램에 참가해 보는 게 좋아요. 특히, 대학생이라면 한국영상기자협회에서 모집하는 대학생 명예 영상기자에 응모해 보는 것도 추천합니다.

이 프로그램은 일 년에 15명을 뽑는데, 보도 영상에 관련한 현업 영상기자들의 강의도 받고, 협회가 개최하는 세미나에도 참여할 수 있어요. 협회가 발행하는 협회 신문이나 학술지도 받아보며 보도 영상에 관련한 중요 이슈와 이론적 내용

대학생 시절 방송사 시청자 영상에 보내 방송된 영상들,
1993년 방송된 MBC 〈일요일 밤에〉 카메라 데이트 시청자 비디오
코너 방영 영상

을 배워갈 수 있습니다. 가장 좋은 것은 여러 방송사에 실습을
나가 영상기자들의 취재 현장을 따라다니면서 영상기자의 일
상과 업무를 좀 더 자세히 경험해 보고 이 직업이 나에게 맞는
것인지 판단해 볼 수 있다는 거죠.

〈SBS 인기가요〉 뮤직 비디오

　　지난 10년간 각 방송사에 입사한 영상기자들 중에 명예 영상기자 과정을 거친 사람들이 점점 늘어나고 있어요. 아무래도 영상기자의 업무 특성을 가까이에서 이해하고 보도 영상과 관련한 이슈들을 계속 접하다 보니 실무면접에서 좀 더 많은 준비를 할 수 있는 장점이 있습니다.

　　하지만 학교나 아카데미처럼 매일매일 수업과 실습이 있는 것이 아니어서 명예 기자 프로그램이 학교의 수업 일정과 중복되거나 개인 일정과 겹치면 여러 행사나 실습에 제대로 참여해 보지도 못하고 1년을 보낼 수 있습니다. 그리고 무료강좌에 대학생만 뽑다 보니 높은 경쟁률을 뚫어야 합니다.

　　이외에도 영상기자가 되려고 준비하는 사람들이 시험정보를 교환하는 포털사이트 다음의 카페 〈사생결단〉, 〈아랑카페〉

등에서 공채시험에 대한 정보, 경험담 등을 공유하는 것이 좋습니다.

영상제작 능력을 키우기 위해 다양한 영상을 직접 촬영하고 편집해 자신의 SNS에 올려 사람들의 평가를 받는 것도 좋아요.

유튜브에서 활발하게 활동하는 건 어때요

■편 유튜브에서 활발하게 활동하는 건 어때요?

■나 1인 1 카메라 시대예요. 모든 사람이 영상으로 자신이 하고 싶은 이야기를 표현할 수 있어요. 아기가 말을 배울 때 뜻 모를 소리를 내보고, 엄마의 말을 따라 하면서 마침내 완벽한 말을 구사합니다. 영상기자가 되고 싶다면 한 단어와 비슷한 짧은 영상부터 만들어보고 수많은 연습과 노력을 해야 해요. 그런 과정이 있어야 문장과 서사구조를 가진 완벽한 이야기 영상을 만들 수 있어요. 유튜브 등의 SNS에 자신이 찍고 편집한 영상을 올려보고, 사람들의 반응을 살피는 건 좋은 연습입니다.

스펙을 쌓으라는 말을 많이 하잖아요? 스펙은 특별한 게 아닙니다. SNS에는 내가 올린 영상들이 계속 남아요. 내가 영상 관련 직종에 응시하거나 방송사 공채 시험을 볼 때 SNS에 올린 나의 영상들은 좋은 포트폴리오가 될 수 있어요.

"제가 청소년 시절부터 이런 것에 관심을 두고 SNS를 통해 많은 사람에게 이야기를 했습니다. 사람 또는 사회에 이런 반향을 일으켰고, 제 친구들 사이에서 이렇게 회자가 되었습니다."

면접관이 당장 그 영상을 볼 수는 없지만, 그가 어떤 열정을 가진 사람인지 알 수 있죠.

영상기자가 꼭 TV 방송사에서만 일하는 사람은 아닌 것 같아요. 누구나 핸드폰으로 촬영을 하고 공유하는 시대입니다. 사건, 사고, 자연재해가 일어나면 전국에 5천만 명의 영상기자가 영상취재를 하는 시대가 열렸다고 생각합니다. 이제는 방송국도 자연재해, 사건·사고가 발생하면 인터넷과 SNS에 올라온 생생한 영상들을 찾아 뉴스에 반영하는 시대가 되었어요. 이런 시대에 SNS는 영상이 TV의 네모난 프레임을 뚫고 나와 더 많은 사람을 만나는 정류장이자 새로운 보도 영상의 바다가 될 수 있습니다.

학생들은 어떤 영상을 올리면 좋을까요

편 학생들은 어떤 영상을 올리면 좋을까요?

나 자기가 제일 관심을 두는 것부터 찍어서 올리면 돼요. 제 선배님의 딸이 방송반 활동을 했는데, 친구와 학교 주위 불법 주차 실태에 대해 촬영을 해서 올렸어요. 그 영상을 사람들이 퍼 날랐고 학생의 눈에 비친 어른들의 불법 주차라는 소재로 여러 미디어에서 보도됐죠. 그 학생은 대학 입시 면접에서 자신의 활동을 이야기했고 가산점을 받아 신문방송학과에 진학했어요. 어른들은 청소년의 눈에 비치는 사회와 세상이 궁금해요. 실제로 미국 CNN은 학생 뉴스 코너가 있어서 일주일에 한 번씩 방영합니다.

대학생이라면 좀 더 넓은 시야를 갖고 있으니 사회에 대한 관심을 영상으로 표현하고 계속 공유해도 좋을 것 같아요. 대학에는 영상 관련 장비들도 많고, 큰돈을 들이지 않아도 간단한 프로그램이나 애플리케이션을 다운로드 받아 영상 편집을 할 수 있습니다.

다시 한 번 말씀드리지만, 사람들이 공감하고 감동하는 영상은 기술이 뛰어난 영상이 아니에요. 나의 진심과 열정이 있다면 충분히 훌륭한 보도 영상을 만들 수 있습니다. 내 주위에 관심을 두고, 나와 내 친구들이 바라보는 세상을 영상으로 표현하세요. 그것이 좋은 뉴스가 될 수 있습니다. 저는 이 책을 읽는 우리 학생들이 그런 시도를 많이 하면 좋겠어요.

편 저는 청소년의 유튜브 활동은 연예인 지망생들의 홍보 수단 정도로 생각했어요.

나 얼마 전 고등학교를 졸업한 20대 여성들이 교복이 몸에 달라붙어 숨 쉬는 것조차 힘들었던 것에 대해 문제를 제기했어요. 여학생에 대한 차별이자 인권침해라는 내용의 영상을 시리즈로 만들어 SNS에 올렸는데 여고생들과 여성들의 많은 호응을 얻었습니다.

https://youtu.be/QyW0ynOuPsY
교복입원프로젝트

https://youtu.be/mvz5KipSZMA
요즘여자교복

많은 여성들의 댓글과 추천을 달았고, TV 뉴스에서 이들의 문제제기를 받아들여 리포트 했습니다.

http://imnews.imbc.com/replay/2018/nwtoday/article/4667086_22669.html
숨도 못 쉬는 여학생 교복…"인권침해 수준" (2018. 6. 26)

자기가 느끼는 문제점은 다른 세대나 집단의 사람들이 인식하기 어려워요. 방송사와 언론이 알아주기를 바라는 소극적인 태도에서 벗어나, 먼저 인식한 사람이 직접 영상으로 만들어 올리면 많은 사람의 공감을 얻고 세상을 바꾸는 기회가 더 빨리 다가올 거예요.

이 직업을 희망하는 학생들에게 조언해 주세요

편 영상기자를 희망하는 학생들에게 조언해 주세요.

나 기자는 영어로 저널리스트journalist입니다. 저널journal이라는 단어는 신문, 정기 간행물을 의미하는데, 매일매일 인상적인 것들을 기록한다는 뜻이에요. 기자란 사회적으로 거창한 일을 취재하는 언론인이기 전에 매일매일 일어나는 일들을 기록하는 사람을 의미합니다.

영상기자도 마찬가지예요. 대단한 걸 찍는 게 아니라 자신의 삶 속에서 일어나는 일들을 영상으로 기록하는 사람입니다. 영상기자가 뉴스 현장을 기록할 때 자신이 찍은 영상이 하루 뒤, 한 달 뒤, 1년 뒤, 10년 뒤에 어떤 중요성을 가질지는 예측 못 해요. 하지만 영상기자의 기록은 충실하고, 세심해야 합니다. 그래야 시간이 지나서 과거를 냉철하고 객관적으로 평가할 때 그 영상이 가치 있게 사용될 수 있어요. 그때는 맞고 지금은 틀리거나 그때는 틀렸지만 지금은 옳은 일들이 많아요. 영상기자의 기록이 진실하고 성실해야 미래의 우리들이 과거를 가치 있게 되돌아보고 반성할 수 있어요. 그래야 나와 우리가 발전하고, 이 사회가 앞으로 나갈 수 있어요.

영상기자의 길은 멀고 어려운 곳에 있지 않아요. 카메라 녹화 버튼을 눌러서 내 주변, 내 관심사부터 기록해 보세요. 그렇게 시작하는 당신이 영상기자입니다.

해방 뒤 귀국한 김구 선생의 대중연설을 보도한
〈해방 뉴스〉의 한 장면(1945년)

2014년 5월 세월호 인양작업이 진행 중이던 진도 팽목항의 모습

시험에 합격한 다음에 어떤 과정을 거치나요

📋 방송사 공채시험에 합격한 다음에 어떤 과정을 거치나요?
🈁 공채에 합격하면 전체 연수를 받아요. 이 시간이 참 중요해요. 방송은 분업과 협업인데, 내가 어떤 상황에서 어떻게 소통하고 누구에게 도움을 요청해야 하는지 배워요. 한 달간의 연수 후 자기 직종에 들어가면 강도 높은 훈련이 시작됩니다.

TV 뉴스 초창기 KBS 정인걸 영상기자의 취재장면

수습기자가 취재한 영상은 방송에 못 나갈 확률이 높지만, 한두 개의 컷을 제대로 담아낸다면 영상취재를 공부하는 좋은 기회가 돼요. 선배들은 모니터해서 잘 한 건 칭찬해서 자부심을 주고, 못 한 건 지적과 비판을 하죠. 오랜 시간 동안 편집을 하고, 선배들이 취재한 영상과 비교하며 자신이 보완해야 할 점을 알게 됩니다. 또 선배들과 동행하며 취재 현장의 특성과 방법 등을 익히고요. 그렇게 한 명의 영상기자가 만들어집니다.

편 훈련 기간이 어느 정도 되나요?

나 우리 회사는 6개월이 지나면 선배들이 수습 딱지를 뗀 후배들을 정식 영상기자로 인정해 주는 기념행사를 열어줍니다.

근무 여건은 어떤가요

편 근무 여건은 어떤가요? 연봉은 어떻게 되죠?

나 방송사별로 임금체계가 다른데, 호봉제(정해진 기간마다, 임금을 받는 등급을 한 단계씩 올려주는 제도)를 실시하는 회사도 있고, 연봉제를 시행하는 회사도 있어요. 신입사원 1년 차 연봉은 회사별로 차이가 있지만 3천만 원에서 3천 5백만 원 사이인 걸로 알고 있어요.

편 정년퇴직은 몇 살이죠?

나 공중파 방송사는 대부분 만 60세 정년이고요. 지역 방송사나 종편 방송사의 경우, 회사의 노사협상에 따라 정년이 다른 거로 알고 있습니다.

편 중간에 많이 퇴직하나요?

나 예전에 공중파 3사의 경우, 새로운 방송사들이 생길 때 영상기자들이 신생 방송사로 이동을 해서 퇴직하는 경우가 많았어요. 또 2000년대 초반 다매체 환경이 조성되고, IT 시대로 넘어가면서 프로덕션이나 홍보 분야, 영상을 이용한 마케팅 분야 등으로 많이 진출했어요.

최근에는 방송사에서 정년까지 근무하거나 자회사 임원 등에 공모하는 방법으로 영상기자의 경력을 살리려는 분들이 많습니다. 다양한 영상플랫폼이 개발되면서 1인 방송이나 교육 영상 콘텐츠 등의 분야에서 성공한 분들도 많아요.

편. 영상기자들의 직급 체계는 어떻게 되죠?

나. 방송사 직급 체계는 거의 비슷해요. 사원으로 시작해서 10년 후에는 차장, 20년 후에는 부장, 30년 차 가까이 되면 부국장, 국장으로 승진하는 방식이죠.

편. 주 5일 근무가 지켜지나요?

나. 주 5일 근무 전에는 토요일 오후 6시까지 일하는 분위기였어요. 물론 평일은 그보다 더 많이 일했고요. 하지만, 주 5일 근무제를 시행하면서 근무여건이 바뀌었어요. 매일 24시간 방송을 해야 하는 방송사 특성상 휴일 근무조, 야간 근무조를 짜서 교대 근무를 해요.

일과는 어떻게 되나요

편 일과는 어떻게 되나요?

나 얼마 전까지 출입했던 국회에서 영상기자가 하루를 어떻게 보내는지 예로 들어 볼게요.

08:00~30	기자실로 출근, 취재계획 확정
09:00~50	당별 아침 회의 취재
10:00	국회 상임위, 토론회 등 취재
12:00	점심
14:00	당별 오후 일정, 상임위 일정취재
17:00	뉴스제작을 위한 아이템별 취재 마무리
17:30	확정된 기사별 스탠드업 촬영 (취재기자가 등장하는 영상크레딧 화면)
18:30	회사 복귀 및 영상 편집 관련 준비
19:00	다음날 취재 일정 계획 확정

㉠ 취재계획 확정

국회 출입 기자는 아침에 국회 기자실로 출근합니다. 각 정당을 담당하는 출입 기자들이 있고, 그들을 대표하는 간사가 전날 저녁에 당의 일정을 정리해 취재가 필요한 내용을 목록으로 만들어 최종 취재 계획을 확정합니다.

ⓛ 오전 회의

각 정당은 오전 9시에서 9시 30분 사이에 최고위원회의나 원내 대책 회의를 개최합니다. 이 회의는 그날 관심을 두는 정치 현안들과 대책들을 이야기하는 회의인데, 각 당은 방송과 언론을 위하여 당 대표자와 원내대표, 정책위의장, 최고위원들의 발언을 공개합니다. 오전 회의에서 각 당이 공개하는 회의의 내용은 당일 정치뉴스의 주요한 소재가 됩니다.

ⓒ 상임위 및 토론회

국회는 보통 오전 10시부터 상임위원회별로 전체회의나 소위원회 활동을 벌입니다. 여기에서 법안심사나 정부 부처, 소관 기관들에 대한 업무 보고나 정책질의 등이 이루어지고, 위원장 또는 위원회 차원의 불허의견이 없는 이상 상임위원회 전체회의는 기자들의 취재가 가능합니다.

각 의원은 자신들이 관심 있는 분야나 소속된 상임위의 업무와 관련된 전문가들이나 단체를 초청한 토론회를 개최합니다. 하루에 10여 개 가까이 되는 토론회가 개최되는데 영상기자

풀^{pool}단에서는 뉴스 가치가 있는 토론회를 선별해 취재합니다.

ㄹ 기자회견 및 브리핑

오전 9시부터 국회 정론관에서는 각 의원이나 정당이 각종 정치 현안에 대한 의견을 밝히는 기자회견이 열립니다. 기자회견은 의원들이 자신의 견해를 밝히는 내용이 있고, 자신이 연관된 사회, 시민단체들에 기자회견의 기회를 제공하는 경우도 있

민주당 의원총회를 취재하기 위해 복도에 대기 중인
국회 취재진(2018년)

습니다. 또한, 각 당은 각종 회의 결과, 정치 현안에 대한 공식 입장을 밝히는 공식브리핑을 오전, 오후에 대변인을 통해서 발표합니다. 이런 기자회견이나 브리핑을 선별해 취재합니다.

ⓤ 여야 협상 취재

여야는 중요 정치 쟁점 및 법안처리, 회의 개최와 관련해 수시로 간사회동, 원내대표 회동 등을 개최합니다. 또한 각 당은 특별위원회, 당내 위원회 등의 활동을 위한 회의를 수시로 갖습니다. 풀단에서는 각 당의 취재정보를 종합해 뉴스 가치가 있는 회의나 활동 등을 취재하고, 협상에 참여하는 개별 협상 대표들의 의견을 인터뷰합니다.

ⓥ 오후 각 방송사 뉴스 아이템 제작 및 마무리

국회 활동과 정당에 대한 공통취재가 마무리되어 가면 방송사별로 저녁 메인뉴스에 방송될 아이템들을 위한 제작에 들어갑니다. 국회나 정당 활동은 풀취재를 통해 촬영한 영상으로 제작합니다. 개별 인터뷰나 보충 취재를 위해 방송사별로 자체적인 취재에 들어가고, 기사 작성이 마무리되는 시점에 취재기자가 출연하는 스탠드업*을 촬영합니다.

Ⓐ 회사 복귀 및 영상 편집 준비

모든 영상취재가 마무리되면, 영상기자들은 회사로 복귀해 자신들이 취재한 영상들을 영상편집기자와 논의합니다. 하지만, 취재업무가 길어져 회사로 복귀할 수 없는 경우 자신들의 편집과 관련한 의견들을 편집기자, 취재기자와 공유해 취재 의도가 잘 반영된 영상편집이 이뤄지도록 합니다.

◎ 다음날 취재계획 준비

오후 6시를 전후해, 각 당과 국회사무처, 상임위는 다음 날의 업무 일정을 공개합니다. 당별 출입기자와 간사들은 이 업무 일정들을 바탕으로 다음 날 어떤 일정들을 공통으로 취재할 것인가 의견을 교환합니다. 취재가 필요한 일정들을 확정해 풀단의 영상기자들에게 취재 일정을 공지하면 하루의 일과가 끝납니다.

---

* ○○○뉴스 ○○○입니다. 같은 기자가 출연해 자신이 보도한다는 것을 밝히는 것

60대, 70대가 되면 일할 수 없을 것 같아요.

편 ENG 카메라가 워낙 무겁다 보니까 60대, 70대가 되면 계속 일을 할 수 없을 것 같아요.

나 나이가 많아서 촬영을 못 한다거나 영상기자 일을 그만두어야 한다고 생각하지 않아요. 우리 사회는 물론이고 전 세계가 노령화하고 있어요. 노년층의 육체적 나이는 과거와 달리 훨씬 건강합니다. 여기에 맞춰 노년층의 생활과 생각을 이해하는 사람들이 그들의 삶을 기록하고 전달할 필요가 있다고 생각해요. 실제로 퇴직하신 선배님들 경우에, 실버 영상기자단을 만들어 자신들이 가진 취재 경험을 살려서 인터넷과 SNS에서 영상기자라는 일을 계속하시는 분들도 계세요.

또 일본 NHK는 퇴직한 영상기자들의 오랜 방송노하우를 계속 현업에 활용할 수 있도록 퇴직 직원들이 근무하는 자회사를 운영해요. 퇴직자들이 오랜 방송 경험의 노하우를 썩히지 않도록 제도적으로 보완하는 거죠. 앞으로 한국 사회도 이렇게 발전할 거로 생각합니다.

해외특파원 제도가 있나요

편 해외특파원 영상기자도 있나요?

나 해외지국의 특파원으로 나가면 보통 3년을 자기가 부임한 나라에서 근무해요. 한국 사회를 뛰어넘어 외국의 뉴스 현장에 가서 외국 기자들과 취재 경쟁을 벌이고, 그 나라의 취재 시스템을 공부하는 건 좋은 경험이죠. 취재가 끝나면 다른 나라 사람들의 삶에 들어가 그들의 이웃으로 살아가는 경험을 하는 것도 매력적이고요. 그래서 특파원 선발 공모를 하면 많은 기자가 지원합니다.

특파원 후보 지원이 마감되면 보도국 내에 특파원선발위원회가 구성돼요. 보도국의 보직 부장과 국장단이 선발위원이 되어서 지원자들의 취재 이력과 특파원으로서의 가능성 등을 고려해 자유 투표로 선발합니다.

하지만, 지난 몇 년간 많은 방송사가 특파원 체류비용과 지국 유지 경비를 이유로 숫자를 줄이고 있어요. KBS는 미국 워싱턴, 일본 도쿄, 중국 베이징, 프랑스 파리 이렇게 네 군데에 영상기자 특파원이 근무하고 있고, MBC는 2012년까지 워싱턴과 파리의 영상기자 특파원을 운영하다가 여러 가지 사정으로 폐지했습니다. 하지만, 뉴스 경쟁력과 국제 뉴스 대응을 위해 영상기자 특파원을 신설해 달라는 요구가 늘어나고 있어요.

영상기자 특파원이 꼭 필요한가요?

여러 나라를 이해하는 지역 전문가가 많을수록 세계를 다각적으로 분석하는 다양한 뉴스가 나온다고 생각해요. 서구 국가들과 일본은 전체 뉴스에서 국제 뉴스의 비중이 높아요.

국제사회에서 정치·경제적, 군사적 영향력이 클수록 자국의 이익을 위해 더욱 보편적인 시야로 국제 문제를 바라보려고 해요. 일본 방송사들은 전 세계 20여 개 이상의 도시에 해외지국을 운영하고 있어요. NHK는 뉴욕, 북경, 상해, 파리, 방콕, 뉴델리, 자카르타, 카이로 등 8개 지역에 10명의 영상기자 특파원을 파견하고 있죠.

우리나라는 미국과 중국 관련 뉴스를 제외하고 국제뉴스의 비중이 별로 높지 않아요. IT 기술의 발달로 세계 곳곳의 뉴스를 실시간 볼 수 있지만, 우리 특파원들의 보도는 10년 전이나 지금이나 큰 변화가 없죠. 인터넷과 외신이 보내는 기사와 영상을 갖고 만드는 국제뉴스와 특파원이 현지에서 보내는 뉴스가 무슨 차이가 있냐는 문제 제기도 생겨요.

한국의 세계적 기업들이 세계를 무대로 활약하고, 한반도를 둘러싼 주변 강국들은 미국, 중국, 일본, 러시아와 서유럽 국가들까지 관심 영역을 확장하고 있어요. 또한, 한류 문화 콘텐츠의 영향력은 계속 커지고 있습니다. 한국의 경제, 문화, 국제정치적 위상이 10년 전과 비교할 수 없을 정도로 커졌는데 우리 사회가 국제뉴스에 갖는 관심은 초라하고 초보적인 수준에 머무르는 것 같아요.

　국제화 시대에 인터넷과 외신 보도로 쉽게 접할 수 없는

외국의 한국 관련 뉴스들을 발굴해 영상화하고 우리 국민들에게 전달할 수 있는 영상기자의 역할이 필요하다고 생각합니다. 또 1년간 전 국민의 3분의 2가 해외여행을 하는 지금, 갑작스러운 사건·사고에 대응하기 위한 해외취재 시스템도 꼭 필요합니다.

2014년 4월 16일 세월호 참사 당시 단원고에서 취재 중인 영상기자들

영상 저널리즘도 주관적인 시선이 아닐까요

편 영상 저널리즘도 결국 영상기자의 주관적인 시선이 아닐까요?

나 영상기술이 처음 등장했을 때 사람들이 열광했던 이유는 카메라에 담긴 영상이 현실을 있는 그대로 보여준다고 믿었기 때문입니다. 100년 전 사람들은 영상 그 자체가 진실이라고 생각했어요.

하지만 지금은 카메라가 객관적 현실을 그대로 보여주는 도구냐고 물어보면 누구나 아니라고 대답할 거예요. TV가 보여주는 영상이 수많은 사회적 갈등을 부추기기도 했고, 그 결과로 전 세계는 전쟁이라는 불행을 경험했으니까요.

영상을 찍고 편집하는 사람들, 시청자들, 영상콘텐츠의 이용자들이 더 객관적이고 비판적인 시각을 가져야 해요. 영상기자는 카메라 속에 최대한 객관적인 시각을 갖고 담고자 노력했는지 고민해야죠.

예를 들어 국회와 정당을 출입하는 A라고 하는 영상기자가 있습니다. A는 국회에 출입하기 이전부터 개인으로서 특정 정당과 특정 정치인을 지지하고 있습니다.

어느 날 국회 취재 현장에 갔는데 여야협상 과정에서 심각한 말싸움이 벌어지고, 회의도 결렬 직전까지 가는 험한 분위기입니다. 이 상황에서 지지하는 정당과 자신이 좋아하는 B라는 정치인이 별로 좋지 않은 모습으로 비칠 수 있는 상황이 생겼습니다. 내가 지지하는 정당과 정치인을 위해, 그 장면을 찍지 않고 그들에게 유리한 상황만을 기다려 기록해 도움을 주어야겠다고 생각하는 순간 그는 영상의 조작자에 불과합니다.

객관적인 영상기자는 내가 찍으려는 상황이 자신이 지지하는 정당과 정치인에 불리해도 그것들이 편향됨 없이 묵묵히 기록하고 시청자들이 스스로 판단하게 만들어야 합니다. 그것이 언론인으로서 영상기자의 직업적 자세입니다.

취재원들은 항상 잘 찍어달라고 해요. 취재원들의 어떤 요구에도 관찰자, 기록자의 자세를 유지하고, 자신이 취재하고 편집하는 영상이 최대한 객관적이게 큰 노력을 할 때, 시청자들이 보도 영상을 신뢰하고, 자신의 기록이 온전한 역사로 인정받을 수 있어요.

보도 영상이 우리 삶에 어떤 영향을 미칠까요

편 보도 영상이 우리 삶에 어떤 영향을 미칠까요?

나 지금 우리나라에 뉴스를 전하는 채널은 정부가 허가한 방송사업자를 기준으로 20개 이상입니다. 메인뉴스를 기준으로 모든 방송사 뉴스의 전체 시청률을 합산하면 40% 이상의 시청률이 매일 나와요. 우리 인구를 5천만 명으로 가정한다면 하루 3천만 명의 사람들이 자신이 선호하는 채널을 선택해 뉴스를 보고 있습니다. 미국 MIT대 연구팀에 따르면, 사람들이 음성 뉴스만 듣는 것보다 영상을 결합할 때 이해도가 70% 이상 높아진대요. 매일 3천만 명의 사람들이 눈과 귀를 이용해 뉴스를 보고 듣고, 주위 사람들과 다양한 이야기와 토론을 나누겠죠. 그런 생각들이 모여서 여론이 되고 여론이 모여서 세상을 바꿉니다.

세월호 참사 사건 당시, 전 국민이 TV 영상을 통해 몇 백 명이 탄 배가 아무런 조치 없이 순식간에 가라앉는 장면을 지켜봐야 했어요. 뉴스에서는 그 장면을 계속 보도했고 반복되는 이미지를 통해 국민들은 국가와 권력이 왜 아무런 역할을 하지 못하는지 의문을 가졌죠. 많은 사람이 국가와 권력에 대한 생각을 바꾸게 된 계기가 된 것 같아요.

1970년대 베트남전 유명한 영상 중에 '즉결심판'이라는 보도가 있어요. 미군에 의해 민간인이 학살되는 장면, 베트남 군인들이 잔인하게 처형당하는 장면이 화면에 나오면서 사람들은 경악했고 미국 전역이 발칵 뒤집혔어요. 미국 사람들의 생각을 확 바꿔놓는 계기가 됐죠.

TV 뉴스 영상과 사진 한 컷으로 미국 내의 베트남전 찬성여론이 반대여론으로 급선회했어요. 비하인드 스토리가 있는데 그 사진은 미국인 사진기자가 찍었고, 그 영상은 미국 방송사에 소속된 베트남 사람이 촬영했대요. 그런데 미국 사진기자만 퓰리처상을 받았어요. 좀 씁쓸해요. 아무튼 사진기자 에디 애덤스Edie Adams가 남긴 말은 보도 영상의 사회적 영향력을 잘 표현하고 있어요.

"장군은 총으로 베트콩을 죽였지만, 나는 카메라로 장군을 죽였다."

우리나라는 5.18 광주민주화항쟁 때 계엄군이 방송과 언론을 강력히 통제했어요. 당시 광주 현장에 취재 갔던 한국 방송사들의 영상기자들은 광주로 가는 길목에서 아예 진입을 못했죠. 국내 언론의 빈자리를 외신기자들이 들어가 목숨을 걸

1960년 김주열 군의 죽음은 4.19 혁명의 도화선이 되었다.
당시 리버티 뉴스의 보도 영상

로안 장군의 Nguyen van lem의 총살 사진

1980년 5.18광주민주화운동을
세계 최초로 취재보도한 미국CBS
서울지국 유영길 영상기자

유영길 기자의 5.18광주 취재영상을 세계 최초로
보도한 미국CBS이브닝뉴스의 장면(1980.5.19.)

1980년 광주항쟁을 현장에서 취재해 보도한 위르겐 힌츠페터

위르겐 힌츠페터기자가 취재한 5.18광주민주화운동

고 역사로 기록했습니다. 특히, 미국CBS서울지국의 유영길 영상기자와 영화〈택시운전사〉로도 잘 알려진 독일의 영상기자 위르겐 힌츠페터Jürgen Hinzpeter의 활동을 잊어서는 안 됩니다.

유영길 기자는 훗날 영화〈꽃잎〉의 촬영감독 등을 맡아 '한국뉴시네마의 아버지'로도 불리는 분입니다. 그는 1980년 5월 18일 광주에서 심상치 않은 일이 발생할 것이라는 정보를 접하고, 곧바로 광주로 달려가 5월 19일부터 금남로 등 광주 곳곳에서 일어난 공수부대의 만행을 취재해 미국CBS뉴스를 통해 세계최초로 보도했습니다.

힌츠페터 기자는 독일 ARD 방송의 영상기자특파원으로 일본에서 근무 중이었는데, 광주 소식을 듣고 한국으로 들어와 온갖 어려움을 헤치고 촬영을 했어요. 두 영상기자는 국민을 지켜야 할 군대가 오히려 시민들에게 폭력과 살인을 저지르는 현장을 취재했고, 군인들에 의해 파괴된 평화와 민주주의의 인권을 지키기 위해 나선 광주시민들의 모습을 카메라에 담았습니다.

첩보영화처럼 극적으로 광주를 빠져나온 영상기자의 생생한 영상으로 알려진 광주의 참상은 전 세계에 광주민주화운동에 대한 관심과 연대의 목소리를 불러일으켰습니다. 그들이 보도한 영상은 〈광주비디오〉라는 이름으로 우리나라에 몰래 전파되었고 우리 언론이 침묵했던 1980년 5월 광주의 진실을 알리는 중요한 증거가 되었습니다.

1980년 광주민주화운동을 기록한 두 기자의 영상은 사람들의 가슴 속에 '권력을 위해 국민에게 총칼을 겨눈 군부 지도자들을 몰아내고 민주주의의 인권과 언론의 자유를 반드시 살려내야 한다'는 조용한 분노와 고민을 쌓아 올렸어요.

두 영상 기자들이 기록한 영상들은 1987년 6월 항쟁의 중요한 매개물이 되었고 그 결과 우리는 지금의 민주주의와 언론의 자유가 보장된 사회적 번영을 누리고 있다고 생각합니다.

한국 영상 기자협회와 5.18 기념재단은 이들을 기념하고 우리가 이룩한 민주화와 언론자유의 경험을 전 세계와 공유하고, 비슷한 상황에 놓인 나라들과 이를 취재, 보도하는 언론인들을 격려하고 지원하기 위해 〈힌츠페터 국제보도상〉을 제정해 시상하고 있습니다.

자연재해 보도는 어떤 의미가 있나요

편 자연재해 보도는 어떤 의미가 있나요?

나 홍수, 태풍, 가뭄 등 인간의 힘으로 제어할 수 없는 자연현상으로 인해 인간이 피해를 본 상황이 자연재해예요. 자연현상이라는 것은 인간의 힘으로 어쩔 수 없는 부분이 있기 때문에 그 피해를 자연의 탓으로 돌리면 편합니다. 하지만 인간이 입은 피해의 많은 부분은 사회 시스템이 제대로 작동하지 않았거나 사전에 충분한 준비를 하지 못해 생겨난 문제들이 많아요. 천재天災라기보다는 인재人災인 경우가 많죠.

자연재해가 발생하면 TV 뉴스는 재해 상황의 신속한 대비, 피해방지, 긴급구조와 피해자 지원을 위해 재해의 현장 한가운데로 영상기자를 파견해 전 국민의 관심을 집중시킵니다. 피해가 커진 원인과 대책을 찾고, 피해자 지원을 돕는 노력을 기울이게 만들죠.

1990년대 후반부터 2000년대 초반까지 경기 북부 지역에 큰비가 내리면 계속 침수가 됐어요. 물 폭탄으로 도로가 끊긴 현장을 수많은 영상기자들과 취재기자들이 물길을 헤치고 걸어 들어가 취재하고 그 심각상을 속보로 알렸습니다. 순식간

1993년 7월 목포 아시아나 항공기 추락사고 현장

에 재산을 몽땅 잃어버린 사람들의 절절한 사연들을 카메라에 담아 전국에 전했죠. 주민들의 목소리를 듣지 않는 기관도 그 내용이 뉴스에 계속 나오면 민원에 신경을 쓸 수밖에 없어요. 당시 복구 작업 때, 영상기자와 취재기자들이 피해 현장을 돌아다니며 재해의 원인을 꼼꼼히 취재해 방송했습니다. 난개발이 이뤄져서 배수 시설, 하수처리시설과 홍수대비 시설이 턱없이 부족했던 문제 등을 집중적으로 보도했죠. 그 결과, 경기 북부지역에 대대적인 홍수 예방시설들이 건설됐고, 해마다 반복되던 경기 북부지역의 홍수 피해는 사라졌습니다.

기자가 현장 취재를 하러 가면 처음에는 현상만 보이지만 점점 파고들면서 '왜?'라는 질문을 계속 던지게 돼요. 재해 현장에서 영상기자, 취재기자들의 '왜?'라는 반복된 질문은 우리 사회의 좋은 변화를 만들 수 있습니다.

편 사회 현상을 전국의 시청자들과 공유할 수 있다는 게 언론의 큰 힘이네요.

뉴스가 너무 자극적일 때도 있어요

편 뉴스가 너무 자극적일 때도 있어요.

나 뉴스도 방송사가 시청률과 영향력을 얻기 위해 타사와 경쟁하는 콘텐츠예요. 당연히 더 많은 시청자의 선택을 받기 위해 노력을 합니다. 경쟁은 좋다고 생각하는데 과열되다 보면 공정성, 공익성보다 시청률에 맞춰져 자극적 보도를 하게 되고, 결국 누군가에게 피해를 줘요.

특히 종합편성채널이 등장하면서 방송 무한경쟁 시대를 맞이했고 자극적인 방송이 넘쳐나죠.

후배들에게 이런 말을 하고 싶어요.

"현장이 혼란스럽고, 경쟁이 과열되었다고 느낄 때 잠깐 그 현장 속에서 빠져나와 현장을 바라보자. 이 보도를 왜 해야 하는지, 우리 사회를 위해 꼭 필요한 것인지, 이 보도로 피해를 보는 사람은 없는지, 좀 더 품위 있게 촬영할 방법은 없는지 생각해 보자. 취재가 과열된 현장일수록 잠시 카메라를 내려놓고 이성적으로 현장을 바라보는 시간이 중요하다고 생각해."

역사의 한 페이지를 기록하는 기쁨은 어떤가요

[편] 역사의 한 페이지를 기록하는 기쁨은 어떤가요?

[나] 영상기자 협회에 소속된 전국의 영상기자는 600명 정도예요. 그 600명이 전국에 퍼져 있죠. 그 사람들의 눈으로 정치적 이슈, 역사적인 현장, 문화 이슈 등을 촬영한 화면을 전 국민이 보고 듣는 거죠.

영상기자는 현장에서 일어나는 취재원의 일거수일투족, 거친 숨소리까지 눈앞에서 생생하게 봅니다.

2018년 월드컵 조 예선 경기가 중계되고 있었어요. 독일과 팽팽하게 경기를 하다가 후반이 거의 종료되어 갈 때 쯤 첫 골이 나왔어요. 독일이 한국에 지지 않으려고 골키퍼까지 중앙선을 넘어와 공격하는데, 우리 쪽에서 독일 편으로 길게 찬 공을 손흥민 선수가 전력 질주해서 두 번째 골을 넣었던 장면을 많은 분이 기억하실 겁니다. 두 번째 골이 들어가는 순간 독일 골대 뒤에서 취재하던 회사 후배가 한 손을 번쩍 들어 환호하는 장면이 중계 화면에 잡혀 화제가 됐었어요. 한 손을 들어 환호하면서 즐거워하지만, 다른 한 손으로는 카메라 렌즈로 손흥민 선수를 따라가며 촬영하는 후배의 모습을 보며, 그 순간을 놓치지 않기 위해 얼마나 긴장했을까 생각했죠. 가장 가까이에서 그 뜨거운 현장을 촬영한 후배가 부러웠어요. 역사의 현장에 가장 가까이 서 있다는 부담감도 크지만, 그것을 직접 보고 느낄 수 있다는 건 너무나 큰 행운입니다.

2021년 10월 제1회 힌츠페터국제보도상 수상자들.
전 세계의 민주주의, 인권, 평화가 위기에 빠진 현장을 취재, 보도한 영상기자들에게 상을 수여했다(왼쪽).

2020년 벨라루스 대선 기간 중 벌어진 민주적인 선거운동의 탄압과 불법선거를 보도해 제1회 힌츠페터국제보도상 대상 '기로에선 세계상' 수상자 미하일 아르신스키 기자(오른쪽)

사회를 병들게 하는 영상이 있어요

편 사람들과 사회를 병들게 하는 영상이 있어요.

나 뉴스 현장에서 공익성에 대한 고민 없이 말초적인 감각만을 자극하는 영상이 만들어질 수 있어요. 그런 영상들이 아무런 비판 없이 주목 받는다면 모든 방송사, 언론사들은 몰입하겠죠. 우리가 모두 병들 거예요. 영상 취재는 기사와 같이 '언제, 어디서, 누가, 무엇을, 어떻게, 왜'라는 육하원칙을 담고 있어야 해요. 그런데 이 기준이 무너지고 어떤 한 부분만 강조하고 반복한다면 그 보도는 객관성을 잃어버린 자극적인 보도일 뿐이에요.

2015년 백남기 농민사망 사건이 그랬어요. 시위대가 집회를 마치고 행진할 때 경찰이 행진을 계속하려는 시위대에 관해 안전규정을 무시하고 살수차로 대응했죠. 그 당시 방송사의 뉴스를 보면 집회의 시간적 진행과 그들의 구호, 주장이 있음에도 불구하고 그런 것들이 다 생략된 채 시위대의 특정한 행위만을 부각했어요. 경찰의 살수차 분사는 제대로 보여주지 않았죠.

제가 입사 2년 차 때, 강릉 무장공비 침투사건이 일어났어요. 추석날 아침 9시에 무장공비가 사살되었다는 속보가 뜨고, 다들 취재하러 그 산에 올라갔죠.

벌거벗겨진 무장공비의 시신을 보며 불과 한 시간 전만 해도 우리와 똑같이 숨 쉬는 생명체였다는 생각이 들었어요. 아무리 적敵이라도 우리 군의 성과를 알리기 위해, 죽은 자를 전시품처럼 취급하는 것은 잘못됐다고 생각했지만 입사 초년생이라는 이유로 문제 제기를 못했죠. 그때, 어떤 선배님이 '아무리 무장공비라도 죽은 사람에 대해서 너무 하지 않냐?'는 항의를 했어요. 잘못된 것을 알면서도 눈치만 보며 아무 말도 못했던 저 자신이 무척 부끄러웠습니다.

취재 현장에서 취재 윤리의 문제가 발생했을 때, 카메라를 잠시 멈춰 생각하고 판단해야 합니다.

취재 중에 정말 위험하다고 느낀 순간이 있나요

📖 취재 중에 정말 위험한 순간이 오면 어떻게 하죠?

📕 후쿠시마 원전 사고가 터졌을 때 한국의 많은 언론사에서 취재를 하러 갔어요. 우리나라도 피해를 볼 수 있는 큰 사건이었죠. 그런데 다들 도착하고 보니까 방사능 유출에 대한 아무런 대책이 없는 거예요.

후배 한 명이 일본 정부에서 막는 지점까지 가보기로 했대요. 차를 타고 한참을 가는데 인적 없는 길은 계속되고, 군이나 경찰의 통제도 없었대요. 그런데 어느 순간 발전소가 나타난 거죠. 일본 정부도 정신이 없으니까 통제를 제대로 못 했어요.

당시 후쿠시마에 취재를 하러 갔던 팀들이 제대로 된 방진복도 없이 며칠 동안 취재를 하는데 갑자기 아침부터 비가 내렸대요. 방사능비일 확률이 높은데 결국 우산을 쓰고 취재를 계속했죠. 카메라를 들고 현장을 취재해야 하는 사람은 위험한 순간에도, 아니 위험한 순간일수록 카메라를 들어서 사람들에게 알려야 해요.

1998년에 인도네시아에서 폭동이 일어났어요. 30년간 군부독재를 실시했던 수하르토 대통령에 대한 전 국민의 시위가

1998년 인도네시아 사태 당시, 현지에 취재진 특파를 알리는
MBC 뉴스데스크 방송화면

일어났어요. 시위의 양상이 학생 시위에서 민중 폭동으로 변하면서 희생자가 속출했어요. 당시 정권 유지에 위협을 느낀 정부군이 서방 기자들을 골라서 저격했고 많은 외신 기자들이 살해됐어요. 외신 보도로 이 사태가 국제적으로 주목을 받아 국제 사회의 개입이 시작되면 수하르토 정권은 무너진다는 판단을 했던 것 같아요.

　이런 뉴스를 매일 보고 있는데 회사에서 갑자기 인도네시아 자카르타 현지에 취재팀을 급파하겠다고 결정했고, 저도 그 팀에 합류하게 됐어요.

한국과의 직항노선 운행에 차질이 생겨, 싱가포르 공항을 거쳐서 자카르타로 들어가는 데 서양 사람들이 인도네시아에서 물 밑 듯이 빠져나오는 게 보였어요. 인도네시아로 들어가는 비행기는 텅텅 비었는데 군데군데 자리를 차지한 사람들은 동서양의 기자들뿐이었어요. '남들은 살기 위해서 빠져나오는 현장을 우리는 죽을 각오로 찾아 들어가는 사람들이구나, 이게 내 직업이구나'라는 생각이 들었죠.

2010년 11월 23일 연평도 폭격 사건이 일어났어요. 당시 북한군의 폭격으로 우리 주민들이 사망 또는 상처를 입고 여러 채의 건물들이 부서지는 피해를 보았습니다. 포격이 발생하고 5일 정도 지나서 긴장감이 팽팽한 연평도 현장에 취재를 하러 갔어요. 처음 대피 상황을 만나 방공호 안으로 피신했죠. 그러다가 섬 스케치를 위해 전망대 언덕에 올라가니 북한 해안을 찍기 위해 카메라를 쭉 늘어놓은 영상기자 후배들을 만났어요. 대피 안 하냐고 물었더니 대답이 걸작이에요. 북한에서 진짜 폭탄이 날아오면 여기 있어도 죽고, 도망가도 죽을 테니, 차라리 죽더라도 그냥 여기에서 북한 포대 발사장면 하나라도 건지는 게 나을 것 같다는 거예요. 바로 이게 위험한 상황에 대처하는 영상기자들의 자세입니다. (웃음)

인도네시아 폭동현장을 가다

뷰파인더 속의 약탈 현장과 빈민촌

나준영 MBC 카메라기자

1998년 5월 16일, 인도양의 끈적끈적한 습기를 품고 내리쬐는 열대의 햇볕을 실감하며 폭동으로 폐허가 된 자카르타 시내로 들어섰다. 서울을 떠나기 전 TV에서 우리 일행의 눈과 귀를 향해 타전되던 인도네시아 사태 속보들을 떠올리니 밤새워 타고 온 비행기 속에서 가라앉힌 긴장감이 다시 온몸을 감싸는 듯 했다. 무장 군인이 진주한 자카르타, 그 거리를 지나는 잿빛 피부의 사람들이 갑자기 우리 앞에서 폭도로 돌변하지나 않을까하는 걱정이 틈날 때마다 머리를 스쳐 지나갔다.

전날 폭동으로 피해가 가장 컸다는 클로독 전자상가 지역 곳곳에 카메라를 들이댔다. 뷰파인더 속에 폐허의 참상이 여과 없이 드러났다. 용산 전자상가보다 더 넓어 보이는 지역이 전

자상품 광고판이 아니면 전자상가인지 알아볼 수 없을 정도로
완전히 부서지고 불타고 약탈당한 상태 그대로 매캐한 연기와
구경꾼들에게 둘러싸여 있었다. LG와 삼성대리점에 가보니
다른 가게들과 마찬가지로 가전제품이 전부 도난당한 듯 가게
안은 깨진 유리조각과 누군가 들고 가다 떨어뜨린 듯한 여자
구두 한 짝만이 나뒹굴고 있었다.

화교들의 상점이 밀집해 있다는 이 지역을 돌다보니 놀랍게도
폭동의 와중에서도 군데군데 전혀 피해를 받지 않은 상점과
우리의 먹자 골목처럼 작은 분식점들이 늘어선 거리를 찾아
낼 수 있었다. 그곳에는 하나 같이 약속이나 한 듯'자바인이 운
영하는 가게, 개혁합시다'라는 구호가 적혀 있었다. 순간 이번
폭동이 수하르토 정권에 대한 저항의 측면을 넘어서 그동안
화교와 일부 특권층에 부를 빼앗겨 버려 낙담하고 괴로워하던
다수 인도네시아인들의 분노가 일시에 폭발한 것은 아닐까 하
는 생각이 들었다. 이런 생각은 취재 기간 인도네시아의 다양
한 사회를 접하면서 더욱 굳어졌다.

화교와 외국인들이 몰려 산다는 고급 주택지역, 아파트촌은

마치 미국의 비버리힐즈를 연상케 했다. 반면 철도 옆 썩은 개천 위에는 얇은 나무판자에 못질을 대강 해서 만든 집들이 다닥다닥 붙어 있는 빈민촌도 있었다. 돈 몇 푼을 쥐어주고 들어가본 집은 카메라를 든 내가 바른 자세로 들어가기가 불가능할 정도로 통로가 좁았고, 방 한 칸이 전부인 집안에는 사람 하나가 누우면 적당할 공간에 베개와 식기 몇 개가 살림의 전부임을 알리며 초라하게 놓여 있었다. 날품팔이로 생계를 간신히 유지하는 이들의 처지는 그래도 나은 편이고, 거리 곳곳에는 엄청나게 많은 노숙자들이 자동차가 정차하는 순간마다 덕지덕지 달라붙어 동전을 구걸하고 있었다.

폭도들의 얼굴에선 약탈, 방화에 대한 죄책감이나 나중 일에 대한 두려움을 볼 수 없었다고 사람들은 말한다. 오히려 그들은 그런 상황을 즐기듯 박수치고 환호했다고 한다. 그런 이야기를 들으니 이번 폭동은 가난한 사람들에게는 그 동안의 삶 자체에서 고통을 털어버리는 원시적이고 본능적인 축제였을지도 모른다는 생각이 들었다.

보도 영상의 역할은 앞으로 어떻게 변할까요

편 SNS 시대, 1인 1 카메라 시대, 사람들은 뉴스의 소비자이면서 생산자이고 전달자가 되는 시대입니다. 영상기자 분들도 많은 고민이 있을 것 같아요. 보도 영상의 역할은 앞으로 어떻게 변할까요?

나 영상기자의 일은 더 세분되고, 확장하고 있어요. 예전에는 TV 화면에서 내게 주어지는 1분 20초의 영상을 위해 나의 취재와 편집의 노력을 다했죠. 더 보여주고 싶은 영상과 이야기가 있어도 할 수 없었어요. 그런데 이제는 TV라는 제약에서 벗어나 영상기자들도 인터넷이나 개인 블로그를 통해 활동할 수 있는 시대가 된 거죠.

2000년대 초반부터 영상기자들이 취재한 영상을 인터넷 뉴스용으로 편집을 해서 올리기 시작했죠. 여러 시도 끝에 돌발영상, 비디오머그 등이 등장을 했어요. 뉴스의 연장선이죠. 날 것의 영상에 자막이 들어간 영상뉴스들이 시간이 갈수록 형식과 내용의 완벽성을 가지고 발전하고 있어요. 그리고, SNS에서 매일 매일 화제가 되고, 사람들의 입에서 입으로 추천되는 인기를 얻고 있죠.

2018년 정기국회
국정감사에서 감시활동을
벌이는 시민들

편 저도 SNS에 올라온 영상뉴스를 많이 봐요. 조회 수가 엄청나죠. 뉴스보다 더 재미있는 것 같아요. 기자의 목소리 대신에 짧은 자막이 편하고 재미있고 음악도 신나요. 영상뉴스의 시대라는 걸 느낍니다.

나 IT 정보통신 기술이 발전하면서 새로운 뉴스 시스템, 디지털 아카이브, 자료의 관리와 새로운 콘텐츠로의 가공 등의 분야에서 영상기자들의 역할이 확대되고 있습니다. 이런 변화에 발맞춰 확대되고 세분되는 영상기자의 업무에 잘 대처하고 적응해 나가는 것은 정말 중요합니다.

또 하나 중요한 것은 이제는 셀 수 없이 넘쳐나는 영상 홍수 속에서 영상기자들이 만든 영상은 어떻게 차별화되고, 우리 사회에 어떤 영향과 기준을 제공할 수 있는지 고민해야죠. 이런 노력이 병행될 때 영상기자는 역사를 기록하는 기록자이자 소통의 매개자로 계속 역할 할 수 있을 것입니다.

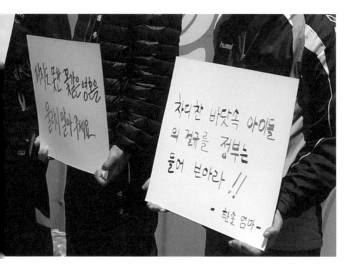

정부 합동분향소 앞에서 정부에 항의하는 세월호 희생자 가족들
(2014. 6)

뉴스를 보면
뉴스가 보인다

영상기자처럼 영상을 찍고 싶다면, 각각의 상황을 어떻게 촬영하는지, 촬영된 영상들이 어떻게 편집됐는지 살펴봐야 합니다. 각 방송사의 뉴스는 여러 개의 아이템으로 구성되어 있습니다. 여러 방송사가 공통으로 관심을 두는 아이템도 있고, 개별 방송사가 자사만의 아이템을 취재 및 보도하는 경우도 있습니다. 각 사의 뉴스를 비교해 차이점을 파악하고, 회사별 뉴스 영상은 어떤 차이가 있는지, 공통점은 무엇인지, 편집된 영상의 차이는 무엇인지 분석해 봅니다. 뉴스를 보면 뉴스 영상이 보입니다.

2018년 11월 19일 사별 뉴스

 ▶ 영상비교

류현진의 귀국을 보도한 KBS뉴스와 MBC뉴스
(2018. 11. 20)

KBS 9시 뉴스

"내년에는 모든 면에서 자신 있다"

1

류현진, LA 다저스와 계약 후 귀국
오늘, 인천공항

2

류현진 LA다저스
그래도 월드시리즈까지 포스트시즌 동안 계속 선발로 던질 수 있었던 점,
그 점이 가장 좋았던 것 같습니다.

3

4

5

자유계약 대신 200여억 원 받고 1년 계약

6

자유계약 대신 200여억 원 받고 1년 계약

7

자유계약 대신 200여억 원 받고 1년 계약

8

9

10

몸 상태도 그렇고 모든 면에서 자신 있었기 때문에 (결정했고), 아무래도
내년이 되면 선수 입장으로 받을 패도 기회가 많이 생길 것 같습니다.

11

12

13

14

'후반기 부활' 2018년 7승 3패 평균자책점 1.97

15

'후반기 부활' 2018년 7승 3패 평균자책점 1.97

16

17

18

19

20

21

22

23

24

(한용덕) 감독님께 최대한 많이 올라갈 수 있으면 올라가셔서 제가 한국 왔을 때 구경 가게 해 달라고 얘기도 했었습니다.

25

26

(내년에도) 선발로 당연히 나가는 게 목표고, 내년에 제발 안 아플 수 있도록 겨울 동안 준비 잘해야 될 것 같습니다.

27

28

촬영기자 강승혁

29

30

MBC 뉴스데스크

1

'금의환향' 류현진 "자신 있어 1년 계약"

2

3

류현진 귀국

4

5

6

7

8

9

올해도 100점은 당연히 안 될 것 같고, 부상 때문에
점수를 많이 못 줄 것 같아요.

10

올해도 100점은 당연히 안 될 것 같고, 부상 때문에
점수를 많이 못 줄 것 같아요.

11

12

13

(2차전) 한 번의 위기 때 잘 막았으면 좋았을 텐데
막지 못한 게 아쉬웠던 것 같고.

14

(2차전) 한 번의 위기 때 잘 막았으면 좋았을 텐데
막지 못한 게 아쉬웠던 것 같고.

15

개인적으로 한 번 밖에 못 던진 게
아쉬움이 있었던 것 같아요.

16

Job
Propose 23

17

18

19

20

21

22

23

24

25

26

27

28

29

30

31

32

▶ 영상분석

11월 20일, KBS 9시 뉴스와 MBC 뉴스데스크는 코리안-메이저리거 류현진의 귀국 소식을 전하고 있습니다. 뉴스는 류현진의 공항 입국 상황 스케치, 2019시즌 퀄리파잉 오퍼qualifying offer*를 받아들인 심경과 각오, 내년 시즌 전망 등으로 구성되어 있습니다. 영상이 비슷해 보이지만, 촬영과 편집에 차이가 있음을 알 수 있습니다.

입국장 등장을 보여 준 초반부, KBS 뉴스는 류현진 선수 자체에 집중을 하지만, MBC 뉴스는 류현진 선수와 그의 아내인 배지현 아나운서의 등장을 함께 강조합니다. 결혼 이후 베일에 가려졌던 아내를 영상의 소재로 선택한 것을 알 수 있습니다.

입국장의 취재 열기와 팬들의 환영을 다룬 부분에서 KBS는 입국장 2층에서 찍은 부감 샷으로 사람들이 많다는 것을 보여주고, MBC는 그를 촬영하는 영상기자들과 팬들을 담은 장

---

* FA(Free Agent) 자격을 얻은 선수에게 원소속 구단이 메이저리그 상위 125명 선수의 평균 연봉을 1년 재계약 조건으로 제시하는 것

면에서 패닝*해 취재 기자들에 둘러싸여 인터뷰하는 류현진 선수를 부각하는 방법을 사용하고 있습니다. 같은 상황을 다른 영상으로 표현하고 있습니다.

KBS 뉴스는 손 팻말, 응원 도구를 든 국내 팬들을 보여 줍니다. MBC 뉴스는 류현진의 플레이에 열광하는 메이저리그 팬들의 컷을 자주 보여 줍니다. KBS 뉴스는 류현진이라는 국내리그 출신 메이저리거에 대한 국내 팬들의 관심을 보여주고, MBC 뉴스는 미국 현지 팬들의 관심이 큰 것을 통해 내년 시즌에 대한 기대감을 높이고 있습니다.

같은 뉴스 소재와 같은 현장을 취재했어도, 영상기자의 시각과 표현 방법은 이렇게 다양합니다. 어느 것이 정답이라고 이야기할 수 없습니다. 하지만, 하나의 상황을 표현하는 다양한 영상기법을 이해하고 연습함으로써 자신이 보고 듣고 느낀 것들을 영상으로 이야기하는 방법을 배울 수 있습니다.

---

* 카메라를 좌에서 우, 우에서 좌로 이동하는 촬영기법

이야기
만들기

오늘날의 '영상'이라는 개념은 단지 물체의 보이는 모습만이 아닌 음성과 음향을 포함한 개념입니다.

> 66 비디오 VIDEO **+** 오디오 AUDIO 99

따라서 좋은 영상을 촬영하고 편집한다는 건, 영상의 비디오적 요소와 오디오적 요소가 제대로 결합한 영상을 만들어 내는 것입니다. 하지만 그게 전부는 아닙니다.

메시지를 쉽고 정확하게 전달하는 영상이 사람들에게 신뢰를 받는 좋은 영상입니다.

영상은 사람들이 이해하기 쉬운 이야기를 담고 있어야 합니다. 그런 영상은 어떻게 만들어질 까요?

2007년 8월 31일 MBC 뉴스데스크에 방송된 〈올림픽 정상을 향하여−국가대표 복싱선수단 훈련〉의 영상을 갖고 이야기해 보겠습니다.

http://imnews.imbc.com/replay/2007/nwdesk/article/2064221_18813.html
올림픽 정상을 향하여, 국가대표 복싱선수단 훈련 (2007. 8. 31. 뉴스데스크)

01_ 영상 속 피사체의 움직임과 변화가 좋은 이야기를 만들어 냅니다.

한 컷의 영상 속에서 피사체가 어떤 방향이나 목적을 갖고 움직이거나 소리, 시간 등이 변화할 때 이야기가 만들어 집니다. 또한, 주요 피사체의 움직임과 주변 피사체들의 조합과 질서가 쉬운 이야기를 만들어 냅니다.

예 지열이 올라오는 육상트랙에서 달리기하는 사람들

: 뜨거운 여름날 누군가 운동을 하고 있다.

02_ 촬영하고자 하는 하나의 피사체나 상황의 움직임, 변화를 분석해 풀샷(FS), 미디움샷(MS), 클로즈업샷(CU) 등의 크기를 달리하는 영상으로 촬영하면 이야기가 만들어집니다.

예 이를 악을 쓰고 산을 오르는 사람들의 모습을 풀샷(FS), 미디움샷(MS), 클로즈업샷(CU)으로 분석해 영상화

: 이 사람들이 구체적으로 어떤 목표를 향해 산을 오르고 있다는 것을 알 수 있음.

03_ 피사체의 움직임과 변화가 일어나는 한 컷^{CUT}의 영상들이 변화를 일으키고, 이런 컷들이 장면의 변화, 사이즈의 변화를 일으키며 연속된 이야기를 만들어 냅니다. 여기에 선수들이 움직이며 소리 내는 현장음과 영화 록키^{ROCKY}의 OST인 〈gonna fly now〉의 오디오가 합쳐지면서 완성된 영상은 하나의 메시지를 담은 이야기가 됩니다.

예 역대 올림픽 금메달리스트들의 모습 ➡ 폭염을 뚫고 이를 악물며 산을 오르는 선수들의 모습을 연결

시작 부분에 낯익은 역대 올림픽 메달리스트들의 사진을 연속으로 보여주고, 선수들이 육상트랙과 산을 오르는 모습들을 보여 주면서 시간의 변화를 표현, 올림픽 우승이라는 목표를 향한 선수들의 노력과 의지를 느끼게 됩니다.

04_ 완성된 하나의 뉴스에는 상황, 피사체, 인물의 운동, 시간과 장소의 변화를 분석한 영상들이 있습니다. 영상을 찍고 편집한 사람이 전달하고자 하는 이야기는 여러 개의 작은 이야기들이 단일한 주제로 모여야만 합니다.

예 올림픽 개막 1년을 앞둔 국가대표 복싱선수들의 모습

이 영상은 2008년 베이징올림픽 개막을 1년 앞두고 올림픽 금메달의 영광을 향하여 체력 훈련에 박차를 가하는 국가대표 복싱선수들의 훈련을 취재한 것입니다. 취재 당시 폭염경보가 내려졌음에도 불구하고 불볕더위 속에서 강인한 체력을 길러내기 위한 선수들의 모습을 통해, 2008년 올림픽에서 한국 복싱이 재도약할 수 있다는 의지를 영상에 담았습니다.

영상으로
표현하기

이제 내가 생각하는 것들을 구체적인 영상으로 표현해 볼까요?

방송사의 영상기자로 입사해서 가장 많이 하는 연습이 날씨 촬영입니다.

TV 뉴스의 오늘 날씨는 영상과 자막만 보아도 내용이 단번에 이해되도록 만들어져 있습니다. 영상기자는 날씨 영상을 촬영하기 전, 오늘의 날씨가 맑은지, 추운지, 미세먼지가 심한지, 사람들이 활동하기에는 어떤지 등을 살핍니다. 그리고 날씨 예보에서 전하는 특이 사항을 어떻게 영상으로 표현할 수 있는지 고민하면서 촬영 및 편집 작업을 합니다.

▶ **한파가 누그러진 오후의 장면을 촬영한 날씨용 영상**
(경기도 양평군 두물머리)

▶ 2017년 2월 25일 일요일 정오뉴스 기사

반짝 추위가 물러갔습니다.

주말인 오늘 낮 동안 비교적 온화하겠는데요.

한낮 기온 서울이 7도로 어제보다 3도가량 오르겠고요.

남부지방도 부산이 11도까지 오르면서 10도 안팎을 보이겠습니다.

공기도 깨끗하면 좋으련만 약하게 외부 오염물질이 유입되면서

곳곳에는 미세먼지 농도가 일시적으로 높아질 수 있겠습니다.

지금 전국 하늘 대체로 맑은 가운데 곳곳에는 옅은 안개가 낀 곳이

있습니다.

낮 동안에는 전국이 대체로 맑겠고요.

한낮기온은 서울이 7도, 전주 9도가 예상됩니다.

다가오는 3.1절에는 전국에 또다시 비나 눈이 오겠습니다.

영상은 겨울의 반짝 추위가 풀리고, 야외 활동하기 좋은 휴일 오후의 날씨를 소재로 하고 있습니다. 겨울의 정취를 보여 주면서 사람들이 온화한 햇볕을 받으며 두물머리 수변공원 길을 산책하는 모습을 담았습니다. 추위가 풀린 겨울 오후의 정취가 느껴지나요?

여러분도 핸드폰이나 카메라를 들고, 가까운 공원이나 거리로 나가 보세요. 그리고 오늘 날씨가 어떤지 주의 깊게 살펴보세요. 오늘 날씨가 썰쌀한가요? 사람들의 모습이 너무 추워 보인다고요? 오늘 날씨는 꽃들이 만개하고 푸른 잎들이 가지마다 피어오르는 봄날이라고요? 따뜻한 봄볕에 기분이 좋지만, 고개를 들어 하늘을 보니 뿌연 미세먼지가 거리를 덮고 있는 것 같나요? 거리를 오가는 사람들 기분은 어떨까요?

이런 오늘의 날씨 상황을 담은 영상을 촬영해 봅시다. 그리고 집으로 들어와 인터넷에 올라온 오늘의 날씨를 다룬 기사를 보세요. 영상을 틀어 놓고 소리내어 기사를 읽어 보세요. 내가 찍은 오늘의 날씨가 진짜 오늘의 날씨를 이야기하고 있나요?

내가 찍은
결정적인 장면

20세기 초 스페인 내전을 취재하다 정부군에 대항하는 인민전선 병사가 총에 맞아 사망하는 순간을 촬영해 보도한 세계적인 사진가이자 종군기자인 로버트 카파^{Robert Capa}는 "만약 당신의 사진이 만족스럽지 못하다면 충분히 가까이 다가서지 않았기 때문이다."고 말했습니다.

아무리 훌륭한 영상기자라고 해도 현장에 나가지 않고, 현장의 가운데로 다가서려고 노력하지 않고서는 훌륭한 영상

어느 인민군 병사의 죽음 *(로버트 카파 作)*

노르망디 상륙작전
(로버트 카파 作)

취재를 할 수 없습니다. 누구나 자신의 카메라를 하나씩 소유하는 지금. 사건, 사고가 일어난 현장, 다른 사람들과 공유하고 싶은 여러 가지 일들이 벌어진 현장의 영상을 찍어 방송사에 제보해 보세요. SNS에 올려 보세요.

여러분이 목격하는 사건, 사고의 현장이 세상을 바꾸는 뉴스가 됩니다.

실제로, 1980년대 가정용 홈비디오가 개발, 보급되면서 평범한 개인이 찍은 영상 하나가 역사의 커다란 사건을 촉발하거나 새로운 변화를 만들어내는 경우가 많았습니다.

1991년 3월 3일 미국 캘리포니아에서 '로드니 킹'이라는

로버트 카파 *Robert Capa*

흑인 운전자가 과속운전을 하다 백인 경찰관들의 단속에 걸려 차에서 끌려 나와 집단구타를 당합니다. 이 과정을 한 시민이 집안에서 가정용 비디오카메라로 찍어 방송사에 제보했고, 이 사건의 재판이 진행되는 과정에서 흑백 인종차별에 대한 시민들의 분노가 폭발하며, 1992년 'LA폭동사태'가 발생하고, 미국 사회에 잠재해 있던 흑인차별과 경제 사회적 불평등의 문제가 중요한 문제로 대두됩니다.

그 사건으로부터 30년 가까이 지난 지금은 전 세계 곳곳의 어린이부터 노인까지 거의 모든 사람이 자신의 카메라를 소유한 시대가 되었습니다. 여러분이 일상에서 목격하는 다양

시민이 찍은 미국 경찰의 로드니 킹 폭행 영상 장면과
당시 ABC뉴스의 보도 장면

1992년 LA 흑인폭동 사태를 보도한 미국 뉴스의 장면들

한 사건, 사고들을 생생하게 기록하고, 사람들과 공유한다면 여러분이 세상에서 가장 뛰어난 영상기자, 특종 기자가 될 수 도 있습니다.

영상기자인 저도 출퇴근 길이나 휴일 동네, 나들이 길에서 갑 작스러운 사건, 사고의 현장을 목격하면 제 핸드폰으로 현장 을 촬영해 회사로 영상을 전송합니다. 평범한 일상에서 만난 일을 촬영해 회사로 전송한 영상이 근무자들의 추가 취재를 거쳐 방송용 뉴스가 되는 경우가 여러 차례 있었습니다.

예 2015.3.15 뉴스투데이 방영 음주 차량 전복사고 보도

동네에서 산책 중 자동차 전복사고 목격,
핸드폰 촬영 후 회사로 영상 전송

아침 뉴스에 사건·사고 뉴스로 보도된 영상
(2015. 3. 15 뉴스투데이)

▶ 방송사 영상제보 방법

각 방송사는 인터넷 홈페이지와 모바일 애플리케이션을 통해 손쉽게 동영상 파일이나 사진 파일을 등록할 수 있는 영상 제보 시스템을 갖추고 있습니다. 자신이 촬영한 각종 사건, 사고의 영상을 방송사의 홈페이지나 모바일 애플리케이션, SNS 계정에 접속해 제보할 수 있습니다. 또한 유튜브나 페이스북, 카카오스토리 등에 자신이 경험한 사건, 사고의 상황을 담은 동영상을 올려 보세요. 그것이 곧 뉴스입니다.

MBC 뉴스의 영상제보 모바일 애플리케이션

2018.8.23 태풍 솔릭 상륙 당시 시청자 제보 영상을 묶은 리포트
(8.24 뉴스데스크 화면)

나만의 뉴스
만들기

내 주변의 다양한 문제나 함께 나누고픈 이야기들을 촬영하고 편집해 여러분만의 뉴스로 만들어 보세요.

내 주변과 일상의 삶에서 일어나는 일들이 우리 사회의 거대한 문제점들을 고스란히 담고 있는 진짜 뉴스이기도 합니다. 이제 TV 뉴스에서 여러분이 취재하고 제작하는 1인 기자가 되어 보세요.

자신이 없다면 기존의 TV 뉴스 형식을 잘 분석하고 따라 해 보세요. 꼭 TV 뉴스의 형식이 아니어도 좋습니다. 혼자서 카메라와 마이크를 들고 문제가 있는 현장을 찾아가 촬영하고 인터뷰하고, 여러분의 친구들과 고민해 보세요. 그것이 뉴스입니다.

딱딱한 뉴스나 다큐멘터리 같은 형식이 싫다면 뮤직비디오 형식도 좋고, 카드 뉴스 방식도 좋습니다. 여러분의 삶 속에서 개선되어야 할 문제들, 함께 생각해 보았으면 하는 문제들을 여러분의 방식으로 영상화해서 SNS에 올려보세요. 내가

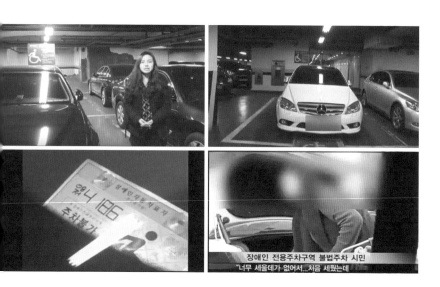

찍은 영상 하나하나가 모여서 뉴스가 되고, 문제의식을 가진 여러 사람의 영상이 한 자리에 모여도 좋은 뉴스가 될 수 있습니다.

예 장애인 주차구역의 불법 주차를 고발한 영상

2011년 한 고교생이 자신이 사는 동네에서 일어나는 장애인 주차구역의 불법 주차를 고발한 영상이 유튜브 등의 SNS에 올라와 큰 반향을 일으켰습니다.

　　이 영상은 기존 뉴스 영상의 취재, 제작 방식을 그대로 차용해 만들었습니다.

📺 〈교복 입원 프로젝트〉라는 이름의 고발 영상

최근에 〈교복 입원 프로젝트〉라는 이름으로 만들어진 생활 고발 영상의 경우, 여학생들이 입는 교복이 오랜 시간 학교에서 공부하고, 활동하는 학생들에게 적합하지 않은 불편한 복장이라는 문제가 제기되었습니다.

SNS 영상 〈교복 입원 프로젝트〉는 사람들의 관심을 끌며,
여러 방송사의 정규 뉴스에서 다뤄졌다

건강상의 문제를 일으킬 수 있는 교복을 몇 년 동안 입고
있었던 졸업생들이 다양한 대화 방식, 실험 등을 문제점을 전
달하고 있습니다. 또한, 음악과 단순한 화면 구성, 간결한 자
막을 통해 집중도를 높이는 영상으로 구성했습니다.

결국 이 영상은 어른들이 간과하는 교복의 문제를 사회적
이슈로 끌어 올렸습니다. 그 결과 기존의 언론과 방송사들도
이들이 제기한 문제점을 뉴스에서 심도 있게 다루었습니다.

영상기자 나준영
스토리

Story

학창 시절은 어땠나요

편 학창 시절은 어땠나요?

나 TV를 좋아했어요. 만화부터 뉴스, 다큐멘터리까지 가리지 않고 봤어요. 제 초등학교 시절에는 국가적으로 전기를 절약한다고, 저녁 시간에만 TV를 방송했어요. 한국의 방송사들이 방송하지 않는 시간에는 종일 방송을 하는 AFKN을 틀어놓고 무슨 뜻인지도 모르면서 봤을 정도죠. 부모님께서 TV를 못 보게 하시면 밤에 이불로 TV를 가리고 몰래 방송을 보면서 즐거워했어요. 그래서인지 어려서부터 막연하게나마 방송국에서 일하고 싶다는 생각을 했어요.

편 성적은 어땠나요?

나 평범했어요. 애매한 성적에 운동이나 다른 특기도 없었고요. 적극적이지 못한 저 자신이 못마땅했어요. 그래도 방송에 대한 관심이 커서 중학교 때 방송반에 들어갔죠. 그런데 생각했던 것과 달리 정해진 틀에서 움직여야 했어요. 2학년이 되었을 때 학생들의 신청곡과 사연을 받아 가요와 팝송을 틀어주는 프로그램을 만들어 보자고 동기, 후배들과 의기투합해서 학교의 조건부 허락을 받았어요. 방송반 일을 한 게 가장 기억이 남아요.

대학 시절에 용감하고 자신감을 가진 사람이 되겠다고 마음을 정했죠. 일부러 제 영어 별명을 braveman으로 지어놓고 많이 사용했어요.

편 영상기자 일을 하시니 애칭처럼 용감한 삶을 살아가고 계시네요.

나 아니에요. 그렇지 않아요. 항상 후회투성이입니다. 그래

대학 시절 카메라 촬영을 하러 가서

도 영상기자라는 직업을 갖고 있기 때문에 현장에서 어쩔 수 없이 용기를 내야죠. 저의 직업이 제 인생의 부족한 부분을 메꿔주고 있는 것 같아요. 제 직업이 저를 좋은 방향으로 변화시키는 것 같아서 항상 감사한 마음입니다.

편 내가 잘하고 좋아하는 일을 직업으로 삼는 것만 생각했지, 직업을 통해 내게 결핍된 무언가를 채워간다는 건 처음 듣는 이야기예요. 영상기자라는 직업을 통해 용기를 얻고 자신의 단점을 고쳐간다는 이야기가 이 책을 읽는 우리 학생들에게 정말 소중한 조언이 되리라 확신합니다. 내가 하는 일이 내게 위로가 되고 인생의 부족한 부분을 채우는 원천이 될 수 있다는 건 정말 행복한 일입니다.

　학창시절에 자신이 큰 영향을 받은 인물이나 책이 있을까요?

나 대학교 1학년 때 읽었던 『철학 에세이』, 『다시 쓰는 한국 현대사』와 같은 당시에 사회과학책이나 황석영 작가나 조세희 작가의 소설들이 많은 영향을 주었죠. 내가 속한 세상을 두 눈으로 제대로 바라보는 느낌이었어요. 특히 황석영 작가를 좋아해요. 이분은 한국 현대사의 전환점이 된 모든 격동의 현장에서 관찰자, 기록자, 행동자로 참여해왔던 것 같아요. 황석영 작가의 글을 읽으면 다시 청년이 되는 것 같아요. 역사의 현장을 기록하는 사람의 입장에서 동질감 같은 것도 느끼고요. 저는 개인적으로 황석영 작가가 노벨문학상을 탈 수 있기를 소망해요.

1989년 대학 1학년 능곡으로 떠난 동아리 MT

📧 부모님은 어떤 분이세요?

🐰 평범한 소시민이세요. 많이 배우지도 못하셨고 많은 재산을 일구지도 못하셨어요. 하지만 자식들의 존경을 받으시죠. 평생 성실하게 가족을 위해 헌신해 오셨어요. '나는 우리 부모님만큼 훌륭한 인생을 살고 있나?' 돌아봐요. 나이가 들수록 부모님의 크기는 더 커지는 것 같아요.

영상기자가 되겠다고 결정한 계기가 있나요

편 영상기자가 되겠다고 마음을 정하신 계기가 있나요?

나 저는 89년에 대학을 입학했어요. 87년 6.10항쟁과 88년의 사회 민주화 분위기로 학생운동이 절정에 올랐던 시기였죠. 또 X-세대, 신세대의 개인주의 문화가 움트던 문화적 격변기이기도 했어요. 저학년 때는 학생 운동이 만든 공동체 문화를 접했고, 고학년 때는 개인의 욕망과 꿈에 충실해지려는 개인주의 문화에도 적응해야 했어요.

그 당시에 〈카메라 출동〉과 같은 고발뉴스가 인기를 얻었고, 〈PD수첩〉, 〈2580〉 같은 시사프로그램이 새롭게 생겼어요. 비합리적이고 비상식적인 사회 관행과 부조리들을 용기 있게 고발하는 이 프로그램들을 보며 심리적 카타르시스를 느꼈어요. 군대에 가기 위해 휴학을 하면서 진로 고민을 했는데, 방송사에 들어가 시사 고발 프로그램이나 다큐멘터리를 제작하고 싶었죠. 입대까지 6개월 정도의 시간이 주어졌고 영상 촬영을 배우기로 했어요. 넉넉하지 못한 형편인데도 어머니가 영상학원에 등록을 시켜 주셨죠.

학원에 다니면서 영상을 배우는데 카메라가 너무 필요했

어요. 어머니께 말씀드렸더니 아버지 몰래 갖고 계시던 곗돈으로 카메라를 사 주셨죠. 그 당시에 1년 치 대학 등록금보다 비싼 값이었어요.

어렵게 영상을 배우고, 그 재미에 빠져가는 중에 1991년, 명지대학교 강경대 학생이 학교 앞 시위 도중 이를 진압하는 전투경찰 부대원들에게 맞아 사망하는 사건이 일어났어요. 이로 인해, 전국민적 분노가 표출하면서 전국적인 시위가 일어났어요.

당시 군에 입대했다가 전투경찰에 차출되어 강제로 시위진압을 하게 된 대학후배 박석진일경이 있었어요. 국방의 의무를 다하기 위해 군에 입대했는데 적이 아닌 민주주의를 요구하는 시민들을 향해 폭력진압을 해야 하는 자신의 상황에 크게 갈등했어요.

후배는 깊은 갈등 끝에 탈영해 군복무중인 전투경찰이 폭력적인 시위진압에 동원되고, 그 속에서 양심의 갈등을 강요받은 청년들의 실태를 고발하고, 전투경찰제도의 개선을 요구하는 양심선언을 하게 됩니다.

후배의 양심선언은 처음에는 언론에 대서특필 됐지만, 시간이 지나면서 잊혔고, 학생회에서 제게 후배의 어려운 상황

1991년 5월 4일 연세대, 군복무 하는 청년들을 전투경찰로 투입해 시위진압을 하게 만드는 현실을 고발하는 박석진 일경 양심선언 장면

이 학내외에 알려질 수 있게 영상으로 제작해 달라는 제안을 했어요.

　걱정됐지만, 착한 후배가 힘든 양심선언자의 삶을 살고 있는데 도움을 줄 기회가 생겨서 감사했죠. 당시 종로 기독교 회관에서 후배와 함께 수배 중인 양심선언 군인들을 만나 그들의 이야기와 안부를 담은 영상을 제작했고 교내 곳곳에서 영상 상영회를 열었어요.

　당시에 학생들이 자체적으로 제작한 영상을 틀어주는 경

우가 흔하지 않았는데, 영상을 보는 학생들의 반응이 너무 좋았어요. 그때 '영상이란 사람들의 힘을 하나로 모으는 힘이 있구나'라고 깨달았어요.

3학년 2학기에 〈대중 매체의 이해〉라는 교양과목을 수강했어요. 당시 강의를 맡으신 분은 김학천 교수님이셨는데 1974년 언론자유 실천을 위해 싸웠던 동아투위 사건으로 해직되었던 동아방송 PD 출신이셨죠. 언론인의 역할과 자세에 대해 자주 말씀해 주셨어요. 어느 날 영상기자에 대해 강의해 주셨는데, 뉴스에서 영상이 차지하는 역할과 중요성, 영상기자의 역할과 활동 등을 가르쳐 주셨죠. 영상의 시대가 오기 때문에 뉴스의 촬영, 편집이 더 중요해진다는 말씀에 영상기자라는 직업에 구체적인 관심을 가졌어요.

저는 지금도 학생들에게 자기가 가고 싶은 길, 취업하고 싶은 직장이나 직업이 있다면 빨리 구체적으로 알아보고 일찍 준비하라고 조언하고 싶어요. 일찍 준비할수록 몇 번 실패하더라도 그것이 좋은 경험이 되어 다시 시도해 볼 수 있기 때문이죠.

편 방송사 시험은 어떻게 준비했나요?

나 4학년 초부터 언론사를 지원하는 스터디모임에 참여했지만, 영상기자라는 직업이 워낙 생소하기 때문에 시험 준비가 쉽지 않았어요. 벽이 너무 높아 보였어요. '상위권의 대학 출신자들을 내가 이길 수 있을까'라는 심리적 한계를 극복하는 것도 힘들었죠.

그때 먼저 졸업한 대학 동기가 다큐멘터리 전문 프로덕션에서 조연출 일을 하고 있었는데 영상 제작기회가 많다며 입사를 제안했어요. 아주 짧은 시간이었지만 방송 일을 처음으로 맛보는 기회를 얻었죠.

대학 시절 학내 행사를 촬영하는 모습

1992년 가을, 지리산에서

처음 경험한 방송일은 어땠어요

편 처음 들어간 직장, 방송일은 어땠어요?

나 회사의 분위기는 좋았어요. 진짜 방송 일을 하고 싶어서 대기업도 그만두고 들어 온 젊은 형, 누나들이 열심히 일하고 있었어요. 제가 들어간 회사는 일본 방송사들의 한국 촬영업무를 코디해주고 제작도 대행해 주었는데 일본에서 온 스텝들도 있어 외국인과 마주하고 일한다는 것이 신기했어요.

처음으로 주어진 업무가 서울과 인접한 농촌 마을에 정부기관의 대형 석유저장 시설이 만들어지는데 보상과 환경오염 문제로 주민들이 반대 운동을 벌이고 있었어요. 그걸 모티브로 삼은 유럽의 설치미술가가 자연과 마을의 평화를 염원하는 미술작품을 만들어 마을 사람들과 함께 동네 뒷산에 설치한다는 내용의 다큐멘터리를 준비 중이었어요.

미술작품이 완성되었는데, 크기도 엄청나고 마을의 남자들을 다 동원해야 하는 일이라 쉽게 설득되지 않았어요. 제작 PD가 제게 그 마을 사람들을 설득해서 설치작품을 옮기라고 했죠. 그러면서 자신이 MBC 〈PD수첩〉 제작에 참여하고 있는데, 마을 사람들이 다큐멘터리에 참여하면, 마을의 이야기를 다룰 수 있게 도와주겠다고 했어요. 느낌이 좀 이상했지만 오랜 방송경력을 가진 선배의 말을 믿었죠.

　　매일 아침, 집에서 두 시간이 넘게 걸리는 마을로 출퇴근하며 이장님과 대책위원장을 만났어요. 마을을 돌아다니며 사람들을 설득하고 대책본부에서 함께 술도 마시고 잠도 잤죠. 결국 마을 사람들이 설치작품을 옮기는 데 참여하기로 결정했어요. 가장 큰 참여 동기는 MBC 〈PD수첩〉에 자신들의 이야기를 방송해 준다는 약속이었죠. 마침내 촬영일이 왔고, 땅이 녹아 질퍽하고 미끄러운 산길을 온 동네 주민들이 거대한 미술 작품을 어깨에 메고 산꼭대기를 향해 올라갔어요. 잠시 쉬는 틈을 타 카메라가 다가가면 사람들은 마을이 처한 상황을 애타게 호소했어요.

　　다큐멘터리 촬영이 성공적으로 끝나고 회사 선배와 사장으로부터 섭외를 잘했다며 칭찬을 받았어요. 그런데 며칠이 지났는데도 담당 PD가 MBC 〈PD수첩〉 방영에 관해서 이야기가 없고 저는 초조해졌어요. 제작 PD에게 〈PD수첩〉건은 어떻게 진행되냐고 물었더니 자신이 〈PD수첩〉에 친한 작가가 있는데 시간 날 때 만나 이야기해 보겠다며 대수롭지 않게 이야기했어요. 그러면서 "농담처럼 한 이야기를 지금까지 기억하냐? 그런 거 다 신경 쓰면 이 일 못 해."라는 말에 충격을 받았어요.

수단과 방법을 가리지 않고 결과물만 만들면 그만이라는 생각, 나와 타인에게 상처를 주는 일은 절대 하고 싶지 않았죠. 입사 과정이 힘들고 오래 걸리더라도 시스템이 제대로 갖추어진 큰 방송사에 들어가 일하면 이런 일을 겪지 않을 것 같았어요. 다시 공채시험을 준비했고 MBC 카메라 기자 공채에 합격했습니다.

MBC 입사 초기 에피소드 들려주세요

편 입사하고 힘든 점은 없었나요?

나 처음에는 너무 좋았어요. 하고 싶은 일을 하게 되었으니 기쁨 그 자체였죠. 1개월 공통연수를 거치고 나니까 고생이 시작됐어요. 아침 7시 출근, 동기 5명이 번갈아 가면서 야근, 야근하면 다음 날 아침 10시 퇴근했다가 근처 사우나에서 쉬고, 다시 오후 1시 출근하는 생활이 반복되었죠.

편 입사 초기 에피소드 좀 들려주세요.

나 5명의 동기가 입사를 했는데 국장님께서 우리 중에 실력이 없거나 자질에 문제가 있는 사람은 수습 중에 입사를 취소하거나 자회사로 보내겠다고 엄포를 놓으셨죠. 수습이 거의 끝나가는 5개월 차가 되었을 때 폭설이 내렸어요. 취재를 마치고 돌아오는데 강남대로에서 교통사고 현장을 목격했어요. 선배들이 이동 중에도 교통사고나 사건, 사고 현장을 보게 되면 그냥 지나치지 말고 꼭 스케치하라고 당부하던 말이 생각났죠.

그래서 차에서 내려 사고 현장으로 내려가는 데 길이 너무 미끄러워 넘어졌고, 들고 있던 카메라가 두 동강이 났어요. 한

막둥이가 그린 취재 모습

대에 1억 원이 넘는 고가 장비니 소중히 다루라고 이야기 들었
는데, 그게 박살났으니 저는 이제 끝이라고 생각했죠.

　　폭설로 오랜 시간이 걸려 회사에 복귀하니 선배들은 다 퇴
근하고, 야근자들만 남아 있었어요. 야근 데스크에게 사실대
로 보고 드렸는데 선배님께서 보험처리 하면 되니 큰 걱정하
지 말고 사고경위서나 잘 작성해 놓으라고 위로해 주셨어요.

다음날 출근하니 선배님이 잘 보고 했는지 간단한 상황 보고만 하고 지나갔어요. 지금 생각해보면 우스운 이야기지만, 막 사회에 나온 어린 마음에는 큰 위기감을 안겨 줬죠.

입사 2년 차 때, 유치원 어린이 사망사고를 취재하러 갔어요. 옥상 난간이 낮았는데 거기를 잡고 놀던 어린이가 추락사했죠. 옥상에서 현장을 취재하고 있는데 아이들이 들락날락하더라고요. 경찰이랑 다른 방송사 영상기자들이 많이 오니까 아이들이 신기했던 것 같아요. 당시에 현장감 있게 만들어 보고 싶은 마음에 한 아이에게 조심스럽게 난간을 잡고 가만히 서 있어 보라고 부탁을 하고 카메라로 다양한 워킹을 해서 영상을 찍었죠. 그때는 아이에게 큰 위험을 주는 것이 아니라고 생각해 사고 순간의 느낌을 표현하는 장면을 찍은 건데, 뉴스가 나가고 난리가 났어요. 아이의 부모로부터 거친 항의를 받았어요. 촬영하는 사람의 욕심 때문에 제대로 된 판단을 할 수 없는 아이를 위험한 난간 옆에 서 있게 하고 영상을 찍은 행위 자체에 모든 시청자가 놀란 거죠. 그날의 부끄러운 경험으로 카메라를 든 사람이 어떤 직업적 윤리를 가져야 하는지 진지하게 생각했어요.

후배들을 볼 때 어떤 생각이 드나요

편 지금 영상기자 후배들을 볼 때 어떤 생각이 드나요?

나 대부분 이 일에 대한 전문성과 자부심이 커요. 그래서 후배들이 더욱 다양한 뉴스 영상을 만들어 낼 수 있게 많은 기회를 주고 싶어요.

후배들이 새로운 기술을 연구하고 습득하면서 다양한 영상의 변화를 추구하는 걸 보면 저 자신을 반성하게 돼요. 선배로서 더 열심히 배우고 익혀야 하는데 정체하고 있는 것 같아 많은 위기의식도 느끼고요.

24년을 영상기자로 살아오면서 남들이 나준영 하면 떠오르는 그런 작품이 아직 없는 것 같아서 늘 반성합니다. 언젠가 영상기자 후배들에게 새로운 자극을 주는 인생 작품 하나를 만들어야겠다는 생각을 합니다.

1994년 여름 일본 배낭여행 당시
요코하마 가나자와 핫케이에 있는 일본 메이지유신
헌법 초안 작성지 앞에서

대학 3학년 과 후배들과 떠난 경남의 섬여행

선생님의 멘토는 누구인가요

편 선생님의 멘토는 누구인가요?

나 지난 24년 동안 영상기자로 살며 많은 선후배와의 관계를 통해 제가 성장했다고 생각해요. 제가 이 책에 쏟아 내는 이야기들도 결국은 이분들과 함께 경험하고, 고민하고, 답을 찾던 것들입니다.

이문노 영상기자 선배님이 계세요. 청와대에 출입할 때, MBC 영상기자 팀장으로 함께 나갔던 분이에요. 1년 6개월간 함께 일하며 많은 것을 배웠고, 영상기자 직업의 미래에 대해서도 고민하는 시간을 가졌어요.

선배님은 항상 지금의 영상취재, 편집의 업무에 갇히지 말고, 5년, 10년 뒤에 다가올 변화에 대비해야 한다고 말씀하셨어요. 특히 2000년대 초반에는 생소하던 '원 소스 멀티 유즈one-source multi-use'라는 개념을 자주 말씀해 주셨어요. 우리가 취재하는 보도 영상을 뉴스 프로그램에 한 번 쓰이는 일회용으로 생각하지 말고, 사내 다양한 프로그램, 인터넷 콘텐츠로 사용할 수 있는 방법을 고민해야 한다고 하셨죠.

또 누구나 카메라를 갖는 시대가 됐는데, 앞으로 인터넷도 영상 콘텐츠 중심으로 변모할 것이니 인터넷 MBC는 우리가 만든 프로그램과 영상만을 제공하는 곳이 아닌 평범한 시민들이 만든 영상을 공유하고, 즐길 수 있는 광장으로 만들어야 한다고 하셨어요. 실제로 세상은 그렇게 변해서 그 선배님께 많은 영향을 받았던 사람들의 고민이 지금 영상기자의 업무와 조직의 변화에 영향을 미치고 있다고 생각해요.

또 다른 선배님들은 서태경, 심승보, 한원상 영상기자 선배님들이에요. '어떻게 자신만의 영상 스타일을 만들어나갈 것인가, 영상취재 현장에서 영상기자는 어떻게 자신만의 뉴스를 만들어 낼 것인가, 함께 일하는 취재기자를 비롯한 동료들과 어떻게 협력하며 좋은 결과물을 만들어낼 것인가, 영상기자의 정체성을 확장시키기 위해 무엇을 할 것인가'에 대해 많은 토론을 하고 수시로 저의 고민을 말씀드리면서 그분들의 조언을 받았습니다. 저도 선배의 위치에서 힘들고 복잡한 상황에 부닥칠 때면, '이 선배들이라면 이 상황에서 어떻게 했을까?'라는 질문을 스스로 던져요.

제 인생의 멘토인 선배들을 바라보며, 후배들에게 나는 어떤 모습일까 자문하면 부끄러울 때가 많아요.

어린 시절 어린이대공원에서(위) 초등학교 시절 동생과(아래)

나준영 기자님의 꿈은 무엇인가요

나준영 기자님의 꿈은 무엇인가요?

시니어 영상기자의 단계로 들어서니 앞으로 내가 가졌던 영상기자의 경험을 잘 정리하고 분석해 뉴스 영상을 더욱더 새롭게 개선하고 뉴스의 새로운 변화를 만들어 가는 데 기여하고 싶어요.

제가 그동안 취재한 영상들을 정리해 미디어아트를 해보고 싶고, 취재한 것 중 기억에 남는 20~30개 아이템을 뽑아 취재 과정, 이야기들로 구성한 다큐멘터리 영화도 만들어 보고 싶습니다.

퇴직 이후의 삶도 지금부터 잘 준비해야겠죠. 정년퇴직 후에는 영상을 자기 언어처럼 다뤄보고 싶은 평범한 사람들을 위해 교육도 해 보고 싶어요. 특히 청소년, 노인, 자영업자들을 대상으로 '비판적 미디어 수용자 교육'과 자기를 표현하는 영상제작 교육을 해보고 싶습니다.

저 혼자만의 힘으로 되는 건 아니에요. 오랜 방송 취재, 제작의 경험을 가진 전국의 영상기자들이 함께 참여할 방법을 모색하고 싶어요. 체계적인 교습법, 교재 등도 준비하고, 단체

초등학교 6학년 친구들과

나 협회 같은 조직도 필요하겠죠. 그렇게 된다면 기존의 시민 단체나 미디어 교육 기관들이 가진 아마추어리즘의 한계를 극복하고 내실 있는 미디어 교육을 할 수 있다고 생각해요.

개인의 삶을 기록한 영상들이 더 많이 축적된다면 사회적 역사가 풍부해지고, 미디어 불평등도 해소될 것 같아요. 우리의 꿈인 미디어 민주주의가 실현될 거로 생각합니다.

📝 보통 사람들이 자신의 영상기록을 만드는 게 왜 중요하다고 생각하세요?

🟦 우리가 찍는 사진은 그 대상을 박제로 만드는 것 같아요. 아무리 온전해도 형상만 남아 있죠. 하지만, 영상으로 기록한 한 사람의 모습은 시간이 지나도 다양한 기억들을 온전하게 소환하는 힘이 있어요.

가끔 놀이터의 아이들 목소리를 들을 때마다, 큰 애의 어릴 적 목소리가 듣고 싶어요. 우리 큰애는 지금 변성기를 훨씬 지나서 그 귀여웠던 목소리를 더 들을 수 없어요. 하지만 예전에 찍어놓은 영상들을 보면 큰 애의 목소리뿐만 아니라 그 속에 담겼던 과거의 아름다운 일들이 떠올라요.

일본 영화 중에 〈엔딩 노트〉라는 작품이 있어요. 영화는 감독의 아버지가 일본 중소기업 간부로 퇴직하는 이야기부터 시작해요. 아버지의 제2의 인생을 보여주려고 감독이 촬영을 시작했는데, 중간에 아버지가 대장암에 걸리고 영상은 아버지의 투병 과정과 임종의 순간까지 담담하게 담아내고 있어요.

한 사람 한 사람의 이야기가 사회 속에서는 큰 의미를 갖지는 않아요. 그래도 그 가족이나 지인들에게는 중요한 의미가 될 수 있어요.

永郎金允植先生詩碑

1994년 겨울, 친구와 떠난 남도 여행,
〈유홍준의 나의 문화유산답사기〉에 소개된 길들을 친구와
여행하며 졸업 이후의 삶에 대해 많은 이야기를 나눈 시간이었다

평범한 사람들의 작은 이야기들을 모으면 거대한 사회적 의미가 될 수도 있고, 한 시대를 보여주는 거울이 되기도 해요. 한 사람 한 사람의 기억과 영상들이 모여서 한 사회의 역사로 남는 것 아닐까요?

큰 뉴스들은 영상기자들이 기록하겠지만, 개인의 작은 이야기들은 자신의 몫입니다. 저는 우리 사회의 다양한 삶이 영

상으로 기록되고 공유되어, 우리 사회가 이야기 풍부한 곳이
되기를 바라요. 다른 사람의 이야기를 보면서 함께 웃고 이해
하는 사회가 나와 타인의 가치를 존중하는 진정한 민주주의
사회라고 생각합니다.

이 책을 마치며

편 선생님과 함께 마지막 페이지까지 달려온 우리 학생들에게 한 마디 해주세요.

나 영상기자라는 직업은 기다림이 중요한 직업이에요. 사건은 불과 1분, 10초, 1초 만에 끝날 수도 있어요. 그걸 기록하기 위해 준비를 하는 시간은 10배, 20배, 30배가 될 수도 있고요. 직업을 선택하고 준비한다는 것도 제가 하는 일과 같아요. 자기 인생의 어떤 순간에 꽃을 피우기 위해 정말 많은 시간을 준비하고, 기다려야 한다고 생각해요. 조급해하지 마세요. 준비를 제일 잘한 영상기자가 최고의 순간을 포착해서 좋은 뉴스를 만들 수 있는 것처럼 자신이 지금 처한 상황에 최선을 다하다 보면 여러분 인생의 가장 중요한 순간에 제일 크고 빛나는 꽃을 피울 수 있을 거예요. 24년 차 영상기자는 여러분 인생 최고의 순간을 위해 아무리 귀찮고 지겨워도 이 시간에 최선을 다하라고 말해주고 싶습니다.

준비하고 기다리는 사람만 멋진 현실을 포착할 수 있어요. 준비를 못 하고, 기다림도 참지 못하는 사람은 인생의 그 순간을 만날 수 없을지도 모릅니다. 저와 만난 여러분 모두는 그 순간을 위해 최선을 다하는 사람이기를 바라며 저도 함께 응원하겠습니다.

편 선생님, 장시간의 인터뷰 감사합니다. 직업을 통해 내 결핍을 채우고, 그 직업을 위해 나를 더욱 발전시키는 멋진 인생이 있다는 걸 배웠습니다. 이 책을 읽는 학생들도, 이 자리의 저도 그렇게 살아간다면 직업을 통해 내 행복을 완성하는 상상이 내 앞의 현실이 될 것 같아요. 최고의 순간을 포착하기 위해 20배, 30배의 준비 기간을 둔다는 선생님의 말씀을 통해 "그래, 나도 제대로 준비하고 기다리자"라는 강한 의지를 다짐합니다. 이 세상의 모든 직업이 우리 학생들을 향해 문을 활짝 여는 그날까지 잡프러포즈 시리즈는 여러분과 함께 달려갑니다. 여러분도 저와 함께 자신의 꿈을 향한 그 걸음을 절대 멈추지 마세요! 여러분이 포기하지 않는다면 어른들, 환경, 사회 누구도 여러분의 걸음을 멈추게 할 수 없습니다.

우리의 꿈을 향해 모두 함께 파이팅!
감사합니다.

진로와 직업 탐색을 위한
잡프러포즈 시리즈 23

오늘을 역사로 기록하는

2019년 4월 8일 | 초판1쇄
2024년 2월 19일 | 초판4쇄

지은이 | 나준영
펴낸이 | 유윤선
펴낸곳 | 토크쇼

편집인 | 김수진
디자인 | 김경희
마케팅 | 김민영

출판등록 2016년 7월 21일 제2019-000113호
주소 | 서울시 마포구 월드컵북로98, 2층 202호
전화 | 070-4200-0327
팩스 | 070-7966-9327
전자우편 | myys327@gmail.com
ISBN | 979-11-88091-55-3(43190)
정가 | 17,000원